생활속 범죄예방 강의와 실용호신술 Ⅲ

학교폭력 편

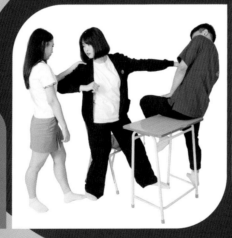

최우성 감수

정창근, 정균근, 김한중, 김기환, 이인녕, 임성진 공저

한국
교사학회
인증도서

dcb
대경북스

생활속 범죄예방 강의와 실용호신술 III

– 학교폭력 편 –

1판 1쇄 인쇄 2021년 9월 10일
1판 1쇄 발행 2021년 9월 15일

발행인 김영대
표지디자인 임나영
편집디자인 임나영
펴낸 곳 대경북스
등록번호 제 1-1003호
주소 서울시 강동구 천중로42길 45(길동 379-15) 2F
전화 (02)485-1988, 485-2586~87
팩스 (02)485-1488
홈페이지 http://www.dkbooks.co.kr
e-mail dkbooks@chol.com

ISBN 978-89-5676-869-4

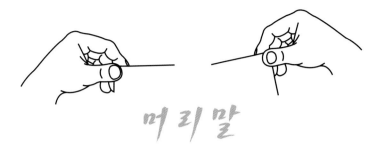

머리말

《생활속 범죄예방 강의와 실용호신술 3편(학교폭력 편)》을 내면서

최근 코로나19 펜데믹으로 인해 암울한 시기에 그나마 웃고 즐길 수 있는 연예계, 체육계의 가요 오디션 프로그램, 축구, 야구 경기에서 가해자들이 당당하고 왕성하게 활동하는 것을 보면서, 학교폭력의 피해자들이 당시의 떠올리기 싫은 기억과 얼굴들을 TV 프로그램을 통해 다시 마주하게 된다면 큰 두려움과 트라우마가 발생할 것입니다.

각 계에서 이러한 학교폭력을 근절하려는 노력을 하고 있으나 학교폭력은 일반사회의 범죄와 마찬가지로 점진적으로 수위가 높아지고 지능적으로 변화되고 있습니다.

이러한 때 《생활속 범죄예방 강의와 실용호신술 1, 2편》의 저자들이 학교폭력의 상황대처(실용호신술)와 법률적 제도, 행정절차에 대한 관심을 갖고 《생활속 범죄예방 강의와 실용호신술 3편(학교폭력 편)》을 출간하기로 하였습니다.

이번 《생활속 범죄예방 강의와 실용호신술 3편(학교폭력 편)》은 학교폭력의 정의와 유형, 대처방안 및 절차를 소개하고, 학교에서 학교폭력 상황이 발생했을 때 법이 허용하는 정당방위 내에서의 대응법을 상황에 맞게 소개하고 있습니다. 누구나 쉽게 따라 할 수 있는 동작들을 선별하였기에 배우는 데 어려움이 없을 것이라 생각됩니다.

또한 100세 시대에 누구나 건강한 삶을 영위하기 위해서는 하루에 20~30분은 스트레칭과 근력운동에 투자하여야 합니다. 누구나 쉽게, 언제 어디서든 할 수 있는 홈 트레이닝으로써 유연성 향상을 위한 정적 전신 스트레칭과 맨 몸을 이용한 근력운동을 부록으로 소개하였습니다. 행동체력 및 방위체력 향상을 통해 면역력 향상에도 기여할 수 있을 것으로 생각됩니다.

또한 응급상황에서의 조치요령과 응급처치법, 심폐소생술 기법도 소개함으로써 응급상황에 대처할 수 있도록 하였습니다.

아무쪼록 《생활속 범죄예방 강의와 실용호신술 3편(학교폭력 편)》이 실생활에 유용한 지침서가 되기를 바랍니다.

이 책을 위해 감수를 맡아주신 최우성 장학사님과 법률 자문을 맡아주신 강동욱 교수님, 김봉수 교수님, 김태석 교수님, 이론 및 실기 분야에서 자문을 맡아주신 김영주 교수님, 박창희 교수님, 이명찬 교수님, 손수범 교수님, 김창우 교수님, 강민철 교수님, 그리고 촬영에서부터 시작해서 편집·제작을 맡아주신 대경북스 김영대 대표님, 모델로서 애써준 김관호, 박영주, 김신아, 이윤지 네 명의 학생들에게도 깊은 감사를 드립니다.

2021년 8월 15일

공저자 정창근, 정균근, 김한중, 김기환, 이인녕, 임성진

CONTENTS

Part **1**

호신술 이론

Part **2**

실용 호신술

기본 발차기

팔꿈치 치기

낙법

CONTENTS

잡혔을 때 빠져나오기

학교폭력 상황에서의 호신술

책상에 앉아 있을 때

CONTENTS

상대를 제압하는 기술

부 록

가정에서! 사무실에서!
쉽고 간편한 스트레칭과 대근육 운동 및 심폐소생술

스트레칭

응급처치와 심폐소생술

Part

1

호신술 이론

section I. 학교폭력

최근들어 스포츠계와 연예계에서 학창 시절 자신이 학교 폭력 피해를 당했다는 폭로가 연일 언론에 보도되며 사회적으로 큰 이슈가 되고 있다. 그 이유는 학교 폭력은 피해자의 상처가 치유되지 않은 채 졸업을 하게 되고, 그 이후에도 외상후 스트레스 장애(PTSD)에 시달리며, 쉽게 치유되지 않기 때문이다. 스포츠계와 연예계 스타들의 학교폭력이 상당 기간 지난 후에야 피해자들에 의해 폭로되는 것도 학교폭력의 후유증 때문이다.[1]

학교폭력은 이렇듯 사건 당시 가해자와 피해자간의 화해나 형사사건 처리만으로 모든 문제가 해결되지 않고, 성인이 된 이후에도 마음의 상처 즉, 후유증이 남고 피해자들은 마음의 병을 가지고 평생을 살아가게 된다. 학교폭력이 발생되는 시점이 인생에서 가장 예민한 시절이기에, 정신적·신체적 폭력에 의해 평생 씻을 수 없는 후유증이 남을 가능성도 높다.

또한 청소년 시절은 학습능력이 가장 왕성하게 발휘되는 시기이므로 공격성 역시 학습된다. 사회학습 이론을 참고하면, 가족이나 주변 지인을 통해 폭력행위를 목격하고 관찰하게 됨으로써 행동 모델링(behavior modeling)의 과정을 통하여 공격적인 행동을 모방하게 된다. 즉 타인의 행동을 관찰하는 것만으로 그것을 모델링하여 유사하게 행동할 가능성이 높아진다는 것이다.[2]

---

1) SBS, 평생남는 학교폭력 : https://news.naver.com/main/read.nhn?mode=LSD&mid=sec&sid1=102&oid=055&aid=0000886639(검색일 : 2021.04.19.)
2) 박지선(2015). 「범죄심리학」, 도서출판 그린, p.25.

학교폭력 관련 연구들을 보아도, 단체생활을 하는 학생들의 사회적 특성상 학교폭력은 학생들의 사회관계를 통해 더 확대되고 과격화되는 경향이 있어 발견 초기에 해소시키지 못하면 더 큰 문제를 유발하게 된다.

☼ 외상후 스트레스 장애(PTSD)증상

정의	외상 후 스트레스 장애는 심각한 외상을 겪은 후에 나타나는 불안 장애를 의미한다. 외상은 마음에 큰 충격을 주는 경험을 말한다. 외상의 종류에는 전쟁, 자연재해, 교통사고, 화재, 타인이나 자신을 향한 폭력과 범죄 등이 있을 수 있다. 외상은 직접 경험하거나 목격한 사건이 자신에 큰 충격을 준 것을 말한다. 환자는 이러한 경험에 대하여 공포심과 아무도 도와줄 수 없다는 느낌을 갖게 되고, 환자가 원치 않아도 반복적으로 사건이 회상되기 때문에, 환자는 다시 기억나는 것을 회피하려고 애를 쓰게 된다.
원인	스트레스 장애의 유발 요인은 외상다. 남성의 경우 전쟁 경험이 많고, 여성의 경우 물리적 폭행, 강간이 많다. 베트남 참전 용사의 약 30%가 외상 후 스트레스 장애를 경험했다고 한다. 어떤 외상적 사건이 질병을 일으키지만, 외상을 경험한 모든 사람에게 병이 생기는 것은 아니다. 이를 고려하면, 이 질병의 원인은 단순히 외상만이 아니다. 외상에 더하여 다른 생물학적, 정신, 사회적 요소가 관여하는 것으로 생각된다. 외상 후 스트레스 장애를 유발할 수 있는 생물학적 요인으로는 신경전달물질인 도파민, 노르에피네프린, 벤조다이아제핀 수용체, 시상하부-뇌하수체-부신 축의 기능 등이 연관이 있는 것으로 보고되었다. 또한 외상 후 스트레스 장애의 위험 인자로는 어렸을 때 경험한 심리적 상처, 경계선 성격과 같은 성격 장애, 부적절한 가족, 주변의 지지 체계 부족, 여성, 정신과 질환에 취약한 유전적 특성, 스트레스가 되는 생활의 변화, 과도한 음주 등이 있다.
증상	외상 후 스트레스 장애의 주요한 증상은 크게 3가지이다. ❶ 꿈이나 반복되는 생각을 통해 외상을 재경험함 ❷ 외상과 연관되는 상황을 피하려고 하거나 무감각해짐 ❸ 자율신경계가 과각성되어 쉽게 놀람, 집중력 저하, 수면 장애, 짜증 증가
진단	외상 후 스트레스 장애는 환자 면담과 심리 검사를 통해 진단하는데, 진단 기준은 다음과 같다. ❶ 외상을 경험하거나 경험한 이후 극심한 불안, 공포, 무력감, 고통을 느낌 ❷ 외상에 대한 재경험(악몽, 환시, 생각, 해리를 통한 경험) ❸ 외상에 대한 회피 또는 무감각(외상 관련된 것에 대해 말을 하지 않고 장소를 피함, 외상과 관련된 일이 기억나지 않음, 감각의 저하, 의욕 저하 등)이 3가지 이상 나타남 ❹ 각성 상태의 증가(수면 장애, 짜증 및 분노 증가, 집중력 저하, 자주 놀람 등)이 2가지 이상 나타남 외상 후 스트레스 장애로 진단하려면 이러한 증상이 1개월 이상 지속되어야 하고, 이로 인해 사회적, 직업적 기능에 장애가 생겨야 한다.

치료	외상 후 스트레스 장애의 치료에서 가장 중요한 것은 환자를 지지하고 격려하여 환자가 외상에 대해 이야기할 수 있도록 하고 대처 방법을 교육하는 것이다. 그 이후에 약물 치료와 정신 치료를 하는 것이 도움이 된다. 약물 치료로는 선택적 세로토닌제 흡수 억제제를 주로 사용한다. 이 약물은 외상 후 스트레스 장애의 특징적인 증상뿐만 아니라, 다른 불안이나 우울 증상 치료에도 효과적이다. 이 외에도 삼환계 항우울제를 사용한다. 이러한 약제의 경우 최소 8주 이상 사용해야 하며, 효과가 있는 경우 1년 정도 유지하는 것이 좋다고 한다. 필요하면 수면제나 항불안제를 사용할 수도 있다. 또한 상담을 통해 제 반응과 카타르시스를 이용하여 외상을 재구성하는 것이 도움이 된다. 위기 개입 기법도 효과적이라고 한다.
경과	외상 후 스트레스 장애는 외상 후 일정 시간이 지난 뒤에 발생한다. 30년 넘어서 증상이 생기는 경우도 있다. 전체 환자의 30% 정도는 치료받지 않아도 스스로 증상이 호전되지만, 나머지는 증상이 악화되거나, 악화와 호전을 반복한다고 한다. 증상이 갑자기 발생하였거나 짧게 지속된 경우, 발병 전의 기능이 좋은 경우, 사회적 지지 체계가 좋은 경우, 다른 정신과 질환이 없는 경우 효과가 좋다.

출처 : 서울아산병원 홈페이지 의료정보 참조.

학교폭력의 개념

학교폭력이란 '학교 내외에서 학생을 대상으로 발생한 상해, 폭행, 감금, 협박, 약취·유인, 명예훼손·모욕, 공갈, 강요·강제적인 심부름 및 성폭력, 따돌림, 사이버 따돌림, 정보통신망을 이용한 음란·폭력 정보 등에 의하여 신체·정신 또는 재산상의 피해를 수반하는 행위'를 말한다.

'따돌림'이란 '학교 내외에서 2명 이상의 학생들이 특정인이나 특정집단의 학생들을 대상으로 지속적이거나 반복적으로 신체적 또는 심리적 공격을 가하여 상대방이 고통을 느끼도록 하는 모든 행위'를 말한다. 또한 '사이버 따돌림'이란 '인터넷, 휴대전화 등 정보통신기기를 이용하여 학생들이 특정 학생들을 대상으로 지속적, 반복적으로 심리적 공격을 가하거나, 특정 학생과 관련된 개인정보 또는 허위사실을 유포하여 상대방이 고통을 느끼도록 하는 모든 행위'를 말한다.

　여기서 말하는 '학교'란 「초 · 중등교육법」 제2조에 따른 초등학교 · 중학교 · 고등학교 · 특수학교 및 각종학교와 같은 법 제61조에 따라 운영하는 학교를 말한다. '가해학생'이란 가해자 중에서 학교폭력을 행사하거나 그 행위에 가담한 학생을 말하며, '피해학생'이란 학교폭력으로 인하여 피해를 입은 학생을 말한다. 그리고 '장애학생'이란 신체적 · 정신적 · 지적 장애 등으로 「장애인 등에 대한 특수교육법」 제15조에서 규정하는 특수교육이 필요한 학생을 말한다.[3]

학교폭력의 실태

☼ 최근 3년간 학교폭력 발생통계(117 학교폭력 신고 건수)[4]

구 분	계	폭행	모욕	법률 상담	왕따	협박	성폭력	공갈	교사 관련	기타
'17년	71,985	18,666	21,728	21,679	3,359	2,112	1,290	1,160	1,160	831
'18년	61,887	15,702	18,179	19,995	2,588	1,821	1,289	881	808	624
'19년	61,302	15,752	16,589	21,198	2,311	1,719	1,587	770	724	652

☼ 최근 3년간 학교폭력 검거통계

구 분	계	폭행 · 상해	금품 갈취	성폭력	기타
'17년	14,000	10,038	1,191	1,695	1,076
'18년	13,367	7,935	1,377	2,529	1,526
'19년	13,584	7,485	1,328	3,060	1,711

출처 : 경찰청 내부자료

---

3) 학교폭력예방 및 대책에 관한 법률 제2조.
4) 아래 학교폭력 죄종별 발생 · 검거통계는 필자가 직접 경찰청에 정보공개청구(7731832)하여 회신받은 자료임. 다만, 20년 통계는 오류보정 작업 중으로 정확성을 담보할 수 없어 정보공개 하지 못함을 양해하여 주시기 바란다는 회신.

이 통계를 보면, 죄종 중 특히 성범죄가 많이 증가하는 것으로 파악할 수 있다. 이는 사춘기 시절 성에 대한 호기심과 특히 인터넷 등 사이버상의 음란물 시청 등으로 청소년 시절 잘못된 성관념이 형성되어 잘못하면 성범죄로 이어지는 큰 잘못을 할 가능성이 있으므로 상당한 주의와 올바른 교육이 필요하다.

성문제는 아이들에게도 매우 민감한 문제이다. 흔히 아이들은 성에 대해 그리 심각하게 받아들이지 않을 것이라 생각하지만, 아이들 역시 성을 매우 민감하게 받아들인다. 어렸을 때의 성폭력 범죄의 피해는 계속 이어진다. 그리고 자신이 입은 성범죄 피해 사실이 알려지는 것을 수치스럽게 생각하므로 이야기하는 것을 꺼리는 경우가 많다. 하지만 피해 학생의 상처를 적절한 시기에 잘 치유하지 못하면 자존감이 낮아지고 우울증 등 정신적인 문제로 이어지는 경우가 있다.[5] 가해자의 처벌 못지 않게 피해자의 치료 등 피해자 보호가 필요한 이유이다.

▶▶ 원스톱 지원센터를 아시나요?

원스톱 지원센터는 성범죄 피해를 당한 경우, 피해자의 치료, 범죄 피해 진술 등이 피해자가 혼란스럽지 않게 병원 한 군데서 이루어질수 있도록 경찰이 운영하는 제도이다.

성범죄 피해를 입었다면 먼저 가해자의 체액 등 가해자 검거를 위한 증거 확보를 위해 신체를 씻지 말고 경찰에 신고한 후 출동한 경찰관의 안내에 잘 따라야 한다.

---

5) 지영환(2013). 「학교폭력학」, 도서출판 그린, pp.252-253.

112 긴급 신고 앱을 스마트폰에 설치하세요

위급시 스마트폰에 설치된 112 긴급 신고앱을 작동시키면 자동으로 경찰 112센터와 연결되고 경찰이 출동하며 작동자와 연락을 취하고, 혹시 연락이 되지 않으면 위치 추적 등 만일의 상황에 대처하고 있다. 물론 기기상의 오류나 설치자의 오작동 등으로 가끔씩 문제가 되곤 하나 유용한 앱이므로 설치를 요망한다.

출처 : 네이버 이미지

골목에 있는 감시카메라의 긴급 호출 버튼을 아시나요?

학생들의 등 · 하교길 많은 부모님들은 학교폭력이나 납치 등 자녀들의 범죄 피해를 많이 걱정한다. 최근 골목과 거리에 설치된 감시카메라의 범죄 예방 효과가 입증되어 지자체에서 많이 증설하고 있다.

감시카메라가 설치된 기둥에 보면 동그랗게 긴급호출을 할수 있는 버튼이 있다. 위급한 상황에서 이 버튼을 누르면 관제센터 직원과 바로 통화할 수 있다. 물론 현장은 카메라를 통하여 경찰이 보고 있다. 등 · 하굣길에 누군가 따라 오는 경우 등의 범죄 피해가 우려될 때 활용하면 좋다.

section Ⅱ. 성폭력

성폭력의 개념

성폭력 범죄는 크게 강간죄와 강제추행죄로 구분된다. 여기에서는 형법상 강간죄와 강제추행죄의 개념과 관련판례를 중심으로 기술하고, 성폭력범죄의 처벌 등에 관한 특례법(약칭:성폭력처벌법)의 내용은 성적 목적을 위한 다중이용장소 침입행위, 통신매체를 이용한 음란행위, 카메라 등을 이용한 촬영 행위를 중심으로 소개하고자 한다.

형법

 강간죄

> 형법 제297조 폭행 또는 협박으로 사람을 강간한 자는 3년 이상의 유기징역에 처한다.

강간죄는 폭행 또는 협박으로 사람을 강간하는 경우 성립된다. 여기에서의 폭행 · 협박은 피해자의 항거를 현저히 곤란하게 할 정도의 것이어야 한다. 이런 정도의 폭행 · 협박을 형법에서는 최협의의 폭행 · 협박이라고 구분하고 있다.

(관련판례)

유부녀인 피해자에 대하여 혼인 외 성관계 사실을 폭로하겠다는 등의 내용으로 협박하여 피해자를 간음 또는 추행한 경우에 있어서 그 협박이 강간죄와 강제추행죄에 해당하는 폭행의 정도의 것이었는지 여부에 관하여는, 일반적으로 혼인한 여성에 대하여 정조의 가치를 특히 중시하는 우리 사회의 현실이나 혼인 외 성관계 사실의 폭로 자체가 여성의 명예손상, 가족관계의 파탄, 경제적 생활기반의 상실 등 생활상의 이익에 막대한 영향을 미칠 수 있고 나아가 폭로의 상대방이나 범위 및 방법(예를 들면 인터넷 공개, 가족들에 대한 공개, 자녀들의 학교에 대한 공개 등)에 따라서는 그 심리적 압박의 정도가 심각할 수 있으므로, 단순히 협박의 내용만으로 그 정도를 단정할 수는 없고, 그 밖에도 협박의 경위, 가해자 및 피해자의 신분이나 사회적 지위, 피해자와의 관계, 간음 또는 추행 당시와 그 후의 정황, 그 협박이 피해자에게 미칠 수 있는 심리적 압박의 내용과 정도 등 모든 사정을 종합하여 신중하게 판단하여야 한다.

유부녀인 피해자에 대하여 혼인 외 성관계 사실을 폭로하겠다는 등의 내용으로 협박하여 피해자를 간음 또는 추행한 사안에서 위와 같은 협박이 피해자를 단순히 외포시킨 정도를 넘어 적어도 피해자의 항거를 현저히 곤란하게 할 정도의 것이었다고 보기에 충분하다는 이유로, 강간죄 및 강제추행죄가 성립한다고 한 사례.

(대법원 2007.1.25. 선고 2006도5979)

또한 간음은 남성 성기를 여성의 성기에 삽입하는 것을 말하고, 강간죄에서의 폭행·협박과 간음 사이에는 인과관계가 있어야 한다. 그리고 강간죄에서 실행의 착수 시기는 폭행·협박을 개시한 때이다.

 강제추행죄

형법 제298조 폭행 또는 협박으로 사람에 대하여 추행한 자는 10년 이하의 징역 또는
1천 만원 이하의 벌금에 처한다.

(관련판례)

1.

'추행'이란 일반인을 기준으로 객관적으로 성적 수치심이나 혐오감을 일으키게 하고
선량한 성적 도덕관념에 반하는 행위로서 피해자의 성적 자기결정권을 침해하는 것
을 말한다. 이에 해당하는지는 피해자의 성별, 연령, 행위자와 피해자의 관계, 그 행
위에 이르게 된 경위, 구체적 행위 양태, 주위의 객관적 상황과 그 시대의 성적 도
덕관념 등을 종합적으로 고려하여 신중히 결정해야 한다.
피고인이 지하철 내에서 갑(여)의 등 뒤에 밀착하여 무릎을 굽힌 후 성기를 갑
의 엉덩이 부분에 붙이고 앞으로 내미는 등 갑을 추행하였다고 하여 구 성폭력
범죄의 처벌 등에 관한 특례법(2020. 5. 19. 법률 제17264호로 개정되기 전
의 것) 위반(공중밀집장소에서의 추행)의 주위적 공소사실로 기소된 사안에
서, 위 죄가 기수에 이르기 위해서는 객관적으로 일반인에게 성적 수치심이
나 혐오감을 일으키게 할 만한 행위로서 선량한 성적 도덕관념에 반하는 행위
를 행위자가 대상자를 상대로 실행하는 것으로 충분하고, 행위자의 행위로 말
미암아 대상자가 성적 수치심이나 혐오감을 반드시 실제로 느껴야 하는 것
은 아니라는 이유로 공소사실을 유죄로 인정한 원심판단이 정당하다고 한 사례.
(대법원 2020. 6. 25. 선고 2015도7102)

2.

추행'이란 객관적으로 일반인에게 성적 수치심이나 혐오감을 일으키게 하고 선량한 성적 도덕관념에 반하는 행위로서 피해자의 성적 자유를 침해하는 것이고, 이에 해당하는지는 피해자의 의사, 성별, 연령, 행위자와 피해자의 이전부터의 관계, 행위에 이르게 된 경위, 구체적 행위태양, 주위의 객관적 상황과 그 시대의 성적 도덕관념 등을 종합적으로 고려하여 신중히 결정되어야 한다. 그리고 강제추행죄의 성립에 필요한 주관적 구성요건으로 성욕을 자극·흥분·만족시키려는 주관적 동기나 목적이 있어야 하는 것은 아니다.

[2] 피고인이, 알고 지내던 여성인 피해자 갑이 자신의 머리채를 잡아 폭행을 가하자 보복의 의미에서 갑의 입술, 귀, 유두, 가슴 등을 입으로 깨무는 등의 행위를 한 사안에서, 객관적으로 여성인 피해자의 입술, 귀, 유두, 가슴을 입으로 깨무는 행위는 일반적이고 평균적인 사람으로 하여금 성적 수치심이나 혐오감을 일으키게 하고 선량한 성적 도덕관념에 반하는 행위로서, 갑의 성적 자유를 침해하였다고 보는 것이 타당하다는 이유로, 피고인의 행위가 강제추행죄의 '추행'에 해당한다고 한 사례. (대법원 2013. 9. 26. 선고 2013도5856)

성폭력범죄의 처벌 등에 관한 특례법(약칭 : 성폭력처벌법)

제12조(성적 목적을 위한 다중이용장소 침입행위)자기의 성적 욕망을 만족시킬 목적으로 화장실, 목욕장·목욕실 또는 발한실(發汗室), 모유수유시설, 탈의실 등 불특정 다수가 이용하는 다중이용장소에 침입하거나 같은 장소에서 퇴거의 요구를 받고 응하지 아니하는 사람은 1년 이하의 징역 또는 1천만원 이하의 벌금에 처한다.〈개정 2017. 12. 12., 2020. 5. 19.〉

[제목개정 2017. 12. 12.]

(사례) "현직 교사 교내 화장실 몰카 사건"

경상남도 김해의 한 고등학교 교사 A씨는 지난해 3월부터 6월까지 23차례 여자 화장실을 침입해 카메라를 설치해 불법촬영 시도 등을 한 것으로 전해졌다.[6]

> 제13조(통신매체를 이용한 음란행위)자기 또는 다른 사람의 성적 욕망을 유발하거나 만족시킬 목적으로 전화, 우편, 컴퓨터, 그 밖의 통신매체를 통하여 성적 수치심이나 혐오감을 일으키는 말, 음향, 글, 그림, 영상 또는 물건을 상대방에게 도달하게 한 사람은 2년 이하의 징역 또는 2천만원 이하의 벌금에 처한다.〈개정 2020. 5. 19.〉

(사례) "미성년자에게 카카오톡 메신저로 수회에 걸쳐 속옷과 특정 신체 부위를 찍은 사진 등을 보내달라고 요구한 20대 남성 사건"

A씨는 지난해 3월 미성년자인 B양에게 카카오톡 메신저를 통해 수차례에 걸쳐 특정 신체부위 사진 등을 요구하는 등 성적 학대 행위를 한 혐의를 받는다. A씨는 3월 3일 B양에게 '속옷만 보여주면 좋겠지만…'이라는 메시지를, 같은 달 7일에는 '가슴을 보여주세요'라는 메시지를 보낸 것으로 전해졌다. 이후 같은 달 9일에는 '딱 한 번만 보여주면 안 될까' 등과 같은 메시지를 보낸 것으로 알려졌다.[7]

---

6) 아시아경제, "선생님까지 성범죄…교내 '불법 촬영' 막을 수 없나"
   https://view.asiae.co.kr/article/2021042715322329107(검색일 : 2021.05.05.)
7) 뉴시스, "한번만 보여줘" 미성년자에 집요한 음란카톡…징역형"
   https://newsis.com/view/?id=NISX20210422_0001415987&cID=10201&pID=10200(검색일 : 2021.05.05.)

제14조(카메라 등을 이용한 촬영)① 카메라나 그 밖에 이와 유사한 기능을 갖춘 기계장치를 이용하여 성적 욕망 또는 수치심을 유발할 수 있는 사람의 신체를 촬영대상자의 의사에 반하여 촬영한 자는 7년 이하의 징역 또는 5천만원 이하의 벌금에 처한다.〈개정 2018. 12. 18., 2020. 5. 19.〉

② 제1항에 따른 촬영물 또는 복제물(복제물의 복제물을 포함한다. 이하 이 조에서 같다)을 반포·판매·임대·제공 또는 공공연하게 전시·상영(이하 "반포등"이라 한다)한 자 또는 제1항의 촬영이 촬영 당시에는 촬영대상자의 의사에 반하지 아니한 경우(자신의 신체를 직접 촬영한 경우를 포함한다)에도 사후에 그 촬영물 또는 복제물을 촬영대상자의 의사에 반하여 반포등을 한 자는 7년 이하의 징역 또는 5천만원 이하의 벌금에 처한다.〈개정 2018. 12. 18., 2020. 5. 19.〉

③ 영리를 목적으로 촬영대상자의 의사에 반하여 「정보통신망 이용촉진 및 정보보호 등에 관한 법률」 제2조 제1항 제1호의 정보통신망(이하 "정보통신망"이라 한다)을 이용하여 제2항의 죄를 범한 자는 3년 이상의 유기징역에 처한다.〈개정 2018. 12. 18., 2020. 5. 19.〉

④ 제1항 또는 제2항의 촬영물 또는 복제물을 소지·구입·저장 또는 시청한 자는 3년 이하의 징역 또는 3천만원 이하의 벌금에 처한다.〈신설 2020. 5. 19.〉

⑤ 상습으로 제1항부터 제3항까지의 죄를 범한 때에는 그 죄에 정한 형의 2분의 1까지 가중한다.〈신설 2020. 5. 19.〉

(사례) "지하철에서 여성 다리 촬영한 60대 사건"

서울 강남경찰서는 지하철에서 여성의 신체를 불법 촬영한 혐의(성폭력범죄의 처벌 등에 관한 특례법상 카메라 등 이용 촬영)로 A(62)씨를 체포했다고 5일 밝혔다.

A씨는 지난 3일 오전 7시 10분께부터 약 1시간 동안 지하철 분당선 왕십리역과 선릉역 사이를 달리는 열차와 역사 안에서 치마를 입은 여성의 다리 등을 휴대전화로

촬영한 혐의를 받는다.[8]

성폭력의 실태

☼ '17년~'19년 성폭력범죄 발생건수와 유형[9]

년도 \ 유형	총계	강간·강제추행	카메라 등 이용촬영	통신매체 이용음란	성적목적 다중이용장소침입
'17년	31,041	23,284	6,220	1,142	395
'18년	30,045	22,633	5,613	1,218	581
'19년	29,971	22,680	5,440	1,224	627

☼ '17년~'19년 성폭력범죄 검거통계

년도 \ 유형	총계	강간·강제추행	카메라 등 이용촬영	통신매체 이용음란	성적목적 다중이용장소침입
'17년	31,041	23,284	6,220	1,142	395
'18년	30,045	22,633	5,613	1,218	581
'19년	29,971	22,680	5,440	1,224	627

출처 : 경찰청 내부자료.

---

8) 연합뉴스, "지하철 불법촬영 60대, 112신고로 선릉역 근처서 덜미"
   https://www.yna.co.kr/view/AKR20210504171200004?input=1195m(검색일 : 2021.05.05.)
9) 아래 성폭력 범죄 발생·검거 통계는 필자가 최신 자료를 위하여 경찰청에 직접 정보공개청구(접수번호 7731838)하여 회신받은 자료임.다만, 20년 자료는 확정된 통계가 없어 제공하지 못함을 양해바란다는 내용.

≫ 안심부스 제도

최근 지자체에서 범죄와 같은 긴급한 상황에서 자신의 신체를 피할수 있는 안심부스를 노상에 설치하여 많은 관심을 끌고 있다. 이 안심부스는 피신을 하려는 사람이 부스에 들어가면 시정기능으로 밖에서 범죄자가 들어갈수 없고, 경보음이 작동한다. 또한 부스에 설치되어 있는 감시카메라가 당시의 상황등을 촬영하고

출처 : 네이버 이미지

CCTV관제센터와 연동된다. 특히 야간 늦은 시간 노상에서 성범죄나 납치 등 범죄 피해 상황시 피해자가 유용하게 사용할수 있다.

≫ '디지털 성범죄 피해 종합 서비스'를 아시나요?

몰래카메라 등 불법촬영물 피해자에게 정부가 영상물 삭제를 지원하는 '디지털 성범죄 피해 종합 서비스'가 운영되고 있다.

여성가족부는 불법촬영과 유포 등 디지털 성범죄 피해자를 위해 종합 지원서비스를 제공하는 '디지털 성범죄 피해자 지원센터'를 운영하고 있다. 불법 촬영과 유포 피해자는 전화(☎02-735-8994)나 비공개 온라인게시판(www.women1366.kr/stopds)을 통해 상담을 접수하면 피해 양상에 따라 맞춤형 지원을 받을 수 있다.

출처 : 네이버 이미지

section Ⅲ. 정당방위

서설

의의

정당방위란 자기 또는 타인의 법익에 대한 현재의 부당한 침해를 방위하기 위한 상당한 이유가 있는 행위를 말한다. (형법 제21조 제1항)

성질

정당방위는 긴급행위로서 위법성조각사유(정당화 사유)의 하나이다.

또한 현재의 부당한 침해를 방위하기 위한 행위이므로 '부정(不正) 대 정(正)'의 관계이다.

정당방위의 성립요건

정당방위는 ① 자기 또는 타인의 법익에 대한 현재의 부당한 침해가 있을 것, ② 방위하기 위한 행위일 것, ③ 상당한 이유가 있어야 한다.

자기 또는 타인의 법익에 대한 현재의 부당한 침해
(객관적 정당방위 상황)

자기 또는 타인의 법익

정당방위에 의하여 보호되는 법익은 법에 의하여 보호되는 모든 이익이다. 형법상 법익(생명, 신체 등)은 물론 형법에 의하여 보호되지 않는 법익도 포함된다.

(관련판례)

> 가. 타인이 보는 자리에서 인륜상 용납할 수 없는 폭언과 폭행을 가하려는 자식을 아버지가 1회 구타하였는바, 자식이 넘어져 상처를 입고 사망한 사건→ 정당방위 인정(대법원 1974.5.14, 73도2401) ∵아버지의 신체와 신분에 대한 현재의 부당한 침해를 방위하기 위한 상당한 행위
>
> 나. 차량 문제로 자신의 부(父)와 피해자가 다툴시 피해자의 차량 전진으로 부(父)가 위험에 처하자 피해자의 머리털을 잡아당겨 상처를 입힌 사건→ 정당방위 인정(대법원 1986.10.14, 86도 1091)

국가적·사회적 법익을 위한 정당방위는 원칙적으로 부정하고 다만, 예외적으로 국가가 그 기관에 의하여 스스로 보호조치를 취할 여유가 없는 급박한 경우에는 허용된다고 보는 것이 다수설이다.

현재의 부당한 침해

▶ 침해

침해란 법익에 대한 사람에 의한 공격 또는 그 위험을 말한다(물건이나 동물의 침

해 시 정당방위는 긴급 피난이 인정된다).

또한 고의에 의한 침해는 물론 과실에 의하거나 책임 무능력자에 의한 침해도 여기에 해당한다. 만일 동물에 의한 침해가 사육주의 고의 혹은 과실에 의해 야기된 경우에는 정당방위가 가능하다.

또한 침해는 작위는 물론 보증인적 지위에 있는 자의 부작위에 의해서도 가능하다(퇴거요구에 불응하는 경우) 그러나 단순한 계약상 채무불이행에 대하여는 정당방위가 인정되지 않는다.

  (예) 임대차계약기간이 만료후 가옥을 명도하지 않은 임차인을 임대인이 폭력으로
       축출한 경우에 정당방위가 인정되지 않는다(∵ 임차인의 부작위는 단순한 계약
       상 채무불이행에 불과하기 때문이다).

  ※ 그러나 상기 예와 같은 상황에서 임대인이 강제로 침입하는 행위에 대하여 임차인은 정당방
    위가 가능하다. (∵ 임대인의 강제침입행위는 현재의 부당한 침해이므로)

▶ 현재의 침해

현재의 침해란 법익에 대한 침해가 급박한 상태에 있거나, 바로 발생하였거나, 아직 계속되고 있는 것을 말한다. 따라서 과거의 침해나 장래 예상되는 침해에 대해서는 정당방위를 할 수 없다.

침해행위가 이미 기수에 이른 경우에도 법익침해가 현장에서 계속되고 있으면 현재의 침해로 보아 정당방위가 가능하다.(다수설)

  (예) 절도범을 현장에서 추격하여 도품을 탈환한 경우 → 정당방위 인정

또한 현재성의 판단은 침해의 현재성은 방위행위시가 아니라 방위행위의 효과발생시를 표준으로 결정해야 한다. 따라서 장래의 예상되는 침해에 대한 준비행위라도 그의 효과가 침해발생 시에 나타나면 현재의 침해에 대한 방위행위로서 정당방위에 해당한다.

(예) 절도범의 침입을 막기 위해 자기 집 담장에 감전장치를 설치하였는데 절도범이
　　절도의사로 그 담장을 넘다가 감전이 되어 상해를 입은 경우 → 정당방위 인정

그리고 예방적 정당방위 인정여부에 대하여 반복될 계속 침해의 위험을 방위하기
위한 정당방위는 인정되지 않는다.

(관련판례)

> 12살 때 의붓아버지의 강간행위에 의하여 정조를 유린당한 후 이후 계속적으로
> 성관계를 강요받아 온 피고인이 그의 남자친구와 공모하여 범행을 준비하고 의
> 붓아버지가 잠든 틈에 칼로 심장을 찔러 살해한 행위는 정당방위 부정(대법원
> 1992.12.22, 92도2540) ∵사회 통념상 상당성을 결여하여 정당방위 불인정.

▶ 부당한 침해

부당한 침해란 침해행위가 객관적으로 전체의 법질서에 위반됨을 의미한다. 위법은
전체로서의 법질서에 반하는 것을 의미하기 때문에 형법상의 불법뿐만 아니라 민법상
의 불법행위에 대해서도 정당방위가 가능하며 고의에 기한 것이든 과실에 기한 것이
든 불문한다.

(관련판례)

> 가. 불법체포를 면하려고 반항하는 과정에서 경찰관에게 상해를 가한 것은 현재의
> 　　부당한 침해를 벗어나기 위한 행위로 정당방위에 해당한다.(대법원 2002.5.10,
> 　　2001도300)
> (유사판례) 경찰관이 임의동행을 요구하며 손목을 잡고 뒤로 꺾어 올리는 등 제압
> 하자 거기에서 벗어나기 위하여 몸싸움을 하는 과정에서 경찰관에게 경미한 상처를
> 입힌 경우→공무집행방해죄×, 정당방위○, ∵적법한 공무집행이 아니기 때문.(대법
> 원 1999.12.28, 98도138)

나. 검문 중이던 경찰관이 자전거를 이용한 날치기 사건 범인과 흡사한 인상착의를 한 갑이 자전거를 타고 오는 것을 발견하고 정지를 요구하였으나 멈추지 않아 앞을 가로막고 소속과 성명을 고지후 검문에 협조해 달라고 하였음에도 그대로 전진하자 경찰관이 따라가서 재차 앞을 막고 검문에 응하라고 요구하였는데 이에 갑이 경찰관들의 멱살을 잡고 밀치거나 욕설을 하였다면 갑의 행위는 정당방위 불인정, 공무집행방해죄○, ∵경찰관들의 행위는 그 범행의 경중, 범행과의 관련성, 상황의 긴박성, 혐의의 정도, 질문의 필요성 등에 비추어 그 목적 달성에 필요한 최소한도의 범위 내에서 사회통념상 용인될 수 있는 상당한 방법으로 경찰관직무집행법 제3조 제1항[10]에 규정된 자에 대하여 의심되는 사항에 관한 질문을 하기 위하여 정지시킨 것이어서 그러한 불심검문은 적법하다.(대법원 2012.9.13, 2010도6203)

부당한 침해가 아닌 정당한, 적법한 행위에 대해서는 정당방위가 불가능하다.

싸움의 경우에는 방위의사가 아닌 공격의사를 가지고 있고, 상호간에 침해를 유발한 것이기 때문에 원칙적으로 정당방위 내지 과잉방위는 성립하지 않는다.

(관련판례)

♠ 싸움의 경우 정당방위가 부정되는 경우

가. 가해자의 행위가 피해자의 부당한 공격을 방위하기 위한 것이라기 보다는 서로 공격할 의사로 싸우다가 먼저 공격을 받고 이에 대항하여 가해하게 된 것이라고 봄이 상당하고 이와 같은 싸움의 경우 가해행위는 방어행위인 동시에 공격행위인 성격을 가지므로 정당방위 또는 과잉방위행위라고 볼 수 없다.(대법원 1993.8.24, 92도1329)

---

10) 경찰관직무집행법 제3조(불심검문) ① 경찰관은 다음 각호의 어느 하나에 해당하는 사람을 정지시켜 질문할 수 있다.
 1. 수상한 행동이나 그 밖의 주위 사정을 합리적으로 판단하여 볼 때 어떠한 죄를 범하였거나 범하려 하고 있다고 의심할만한 상당한 이유가 있는 사람
 2. 이미 행하여진 범죄나 행하여지려고 하는 범죄행위에 관한 사실을 안다고 인정되는 사람

♠ 싸움의 경우 정당방위가 인정되는 경우

가. 싸움에서 당연히 예상할 수 있는 정도를 초과하여 공격해온 때

   (예) 살인의 흉기 등을 사용한 경우

나. 외관상 서로 싸움을 하는 것처럼 보여도 실제로는 상대방의 일방적인 불법한 공격에 대하여 자신을 보호하기 위한 수단으로 유형력을 행사한 경우

   ① 50대 후반의 부부가 피고인의 집에 찾아와 피고인의 멱살을 잡고 밀어 넘어뜨리려고 배 위에 올라타 주먹으로 팔, 안면 등을 폭행하자 피고인은 이를 방어하기 위하여 피해자의 팔을 잡아 비틀고 다리를 물어 상해를 가한 경우(대법원 1999.10.12, 99도3377)

   ② 피고인이 방안에서 피해자로부터 깨진 병으로 찔리고 이유 없이 폭행당하자 피고인이 방안에서 피해자를 껴안거나 손으로 멱살부분을 잡고 흔든 경우
∵ 피해자의 부당한 공격에서 벗어나거나 이를 방어하려고 한 행위(대법원 1989.10.10, 89도623)

방위하기 위한 행위

» **방위의사(주관적 정당화 요소)** : 정당방위에 있어서의 방위의사는 행위자의 주관을 표준으로 하는 동시에 객관적으로 사회통념상 방의의사를 추정할 수 있는 경우이어야 한다(대법원 1995.8.5, 4288형상124)

» **방어행위** : 방어행위는 현재의 부당한 침해 그 자체를 배제하기 위한 반격행위를 말하며, 방어행위에는 순수한 수비적 방어(보호방위)뿐만 아니라 적극적 반격을 포함하는 반격방어(공격방위)의 형태도 포함한다.

» **방위행위의 상대방** : 방위행위는 침해자나 그 도구에 의하여 행하여야 하며, 침해와 무관한 제3자에게 할 수 없다. 침해와 무관한 제3자의 법익을 침해한 경우

는 긴급피난[11]에 해당한다.

상당한 이유

정당방위가 성립하기 위해서는 방위행위가 상당한 이유가 있어야 한다. 여기서 상당한 이유란 방위행위가 사회상규에 비추어 상당한 정도를 넘지 아니하고 당연시 되는 것으로 방위의 필요성과 방위행위에 대한 사회윤리적 제한이 포함되는 것으로 본다. 또한 정당방위는 '부정 대 정'의 관계로 개인의 법익에 대한 보호뿐만 아니라 법질서의 수호를 위하여도 인정되는 것이므로 긴급피난의 경우와 같은 보충성의 원칙이나 법익균형성의 원칙을 요하지 아니한다. 다만 방위수단의 적합성과 최소 침해의 원칙은 필요하다.

과잉방위

제21조【과잉방위】② 방위행위가 그 정도를 초과한 때에는 정황에 의하여 그 형을 감경 또는 면제할 수 있다.
③ 전항의 경우에 그 행위가 야간 기타 불안스러운 상태하에서 공포, 경악, 흥분, 당황으로 인한 때에는 벌하지 아니한다.

---

11) 형법 제22조【긴급피난】① 자기 또는 타인의 법익에 대한 현재의 위난을 피하기 위한 행위는 상당한 이유가 있는 때에는 벌하지 아니한다.
② 위난을 피하지 못할 책임이 있는 자에 대하여는 전항의 규정을 적용하지 아니한다.
③ 전조 제2항과 제3항의 규정은 본조에 준용한다.

(관련판례)

가. 이유 없이 집단구타를 당해 더 이상 피할 수 없는 상황에서 이를 방어하기 위해 곡괭이자루를 휘둘러 1명을 사망하게 하고 다른 자에게 상해를 입힌 경우→과잉방위○ (대법원 1985.9.10, 85도1370)

나. 피고인이 22:40경 인 야간에 자신의 처와 함께 극장구경을 마치고 귀가하는 도중, 술 취한 피해자(19세)가 소녀들에게 음경을 내놓고 소변을 보면서 키스를 하자고 달려들어, 이에 피고인이 타이르자 피고인의 뺨을 때리고 돌을 들어 구타하려고 따라오는 것을 피고인이 피하자, 처를 땅에 넘어뜨려 깔고 앉아서 돌로 때리려는 순간 피고인이 발로 피해자의 복부를 한차례 차서 사망에 이르게 한 경우 →무죄(대법원 1974.2.26, 73도2380) ∵ 제21조 제3항 적용

다. 야간에 흉폭 한 성격에 술까지 취한 피해자(피고인의 오빠)가 식칼을 들고 피고인을 포함한 가족들의 생명·신체를 위협하는 불의의 행패와 폭행을 하자 피고인이 피해자의 몸 위에 타고 앉아 그의 목을 계속 눌러 질식 사망케 한 경우→무죄(대법원 1986.11.11,86도1862) ∵ 제21조 제3항 적용

라. 피고인이 피해자와 말다툼을 하다가 건초더미에 있던 낫을 들고 반항하는 피해자로부터 낫을 빼앗아 그 낫으로 피해자의 가슴, 배, 등 목 부위 등을 10여 차례 찔러 피해자가 사망한 경우→정당방위×, 과잉방위× (대법원 2007.4.26, 2007도1794)

마. 구타하자 과도(길이 26센티미터)로 피해자의 복부를 3~4회 찔러 상해를 입힌 경우→정당방위×, 과잉방위×(대법원 1989.12.12, 89도2049)

section Ⅳ. 호신술의 정의와 필요성

호신술의 정의

사람은 누구나 존엄성과 인간으로서의 가치를 향유할 권리가 있다. 그런데 현실은 풍요로운 물질 만능주의와 IT산업의 발달로 인한 운동부족으로 체력은 저하되어 있다. 또 인터넷·스마트폰 등의 게임에 몰두한 나머지 가상현실의 폭력성을 현실화하는 범죄행위도 일어나고 있는 실정이다.

이와 같은 현대사회를 슬기롭게 살아가려면 체력을 향상시키고, 나아가 다른 사람의 공격을 방어 내지 폭력을 제어하여 자신의 안전을 지키는 호신술을 익혀야 한다. 호신술은 기본적으로 자신의 몸이나 주변에 있는 도구를 이용하여 자기 몸을 보호하는 자기방어와 관련된 기술을 말한다.

다시 말하면 호신술은 상대로부터 불의의 공격을 당했을 때 자신의 몸을 효과적으로 방어하는 기술이다. 즉 상대에게 선제적인 위해를 가하여 몸을 지키는 기술이 아니고, 상대의 공격을 미연에 봉쇄하고 제어하여 자신을 지키는 수동형의 기술이다. 따라서 상대에게 적극적인 위해를 가하는 행위는 호신(護身 ; 외부의 위험으로부터 자신을 지키는 일)기술이 아니다. 진정한 호신술은 상대의 공격을 미리 막아내거나 봉쇄하는 기술이므로 비폭력적·인간적인 기술이기도 하다.

일반적으로 호신술은 몸 가까이 기물을 활용하거나, 합기도·용무도·유도·태권도 등에서 펼치는 던지기·누르기·조르기·관절꺾기·지르기·차기·때리기 등의 맨손기술을 살려 상대의 공격을 제어하는 기술이다. 이러한 기술을 익혀 두면 유사시에 거의 반사적으로 기술을 발휘할 수 있다. 물론 상대방이 무기나 흉기로 공격해 오는 경우에 적용하는 방어법도 포함된다.

호신술의 필요성

　최근 우리 사회는 각종 흉악범죄가 증가함으로써 사회적 불안을 야기시키고, 이에 따른 안전대책에 관심이 집중되고 있다. 얼마 전 50대 남성이 전자발찌를 훼손하고 2명의 여성을 살해한 후 검거되어, 왜 피해여성을 살해했는지 질문하는 기자의 마이크를 걸어차며 "더 많이 못 죽여서 한이 된다"고 발언하여 국민의 공분을 산 일이 있었다.

　이처럼 묻지마 살인과 우발적 범죄 등의 위급한 상황에서 자신의 생명과 재산을 스스로 지킬 수 있는 자기방어법인 호신술의 중요성은 점점 증대되고 있다.

　호신술을 익히면 자신에 대한 부당한 침해와 신체를 위협하는 요인들을 스스로 제어 내지 방어할 수 있을 뿐만 아니라, 외부의 힘이나 기타 영향으로 인해 신체에 작용하는 폭력적인 위험요인으로부터 자신을 안전하게 보호하여 지켜낼 수 있다. 특히 경찰·청원경찰·일반경비원·보안요원 등은 물론이고, 사회적 약자로 인식되는 여성·노인층·어린이·청소년들도 호신술을 수련함으로써 최소한의 자기 방어를 통해 목숨을 구하고 자신과 이웃을 안전하게 지켜낼 가능성이 높아진다.

　또한 최소한의 물리력으로 상대의 급소를 치거나 관절을 비틀거나 꺾어 상대에게 고통을 가하여 일시적인 위험상태에서 벗어나려는 신체적인 기술(발차기, 낙법, 메치기, 조르기, 관절기 등)들을 반복숙달하다 보면, 부수적으로 건강과 몸매관리에도 도움이 된다.

　청소년뿐만 아니라 성인들도 몸매관리에 많은 신경을 쓰고 있는데, 호신술을 익히면 건강한 몸매를 만들어 자신감은 물론이고 생활습관병 예방에도 긍정적인 영향을 미칠 수 있다.

section V. 호신술의 원리

　합기도의 관절기, 도구를 이용한 무기술, 발차기, 유도의 메치기, 검도의 검술 등을 종합한 새로운 형태의 무도인 용무도를 용인대학교 무도연구소의 교수진이 개발하여 세계화하고 있다. 본 호신술은 인간의 신체구조, 심리 · 물리학적인 원리 등을 활용하여 효율성과 신체움직임을 극대화하여 자신을 지킬 수 있도록 체계화한 것이다.

관성의 법칙(제1법칙)

　"물체에 힘을 가하지 않고 내버려두면 처음에 하고 있던 운동을 그대로 계속한다." 는 법칙이다. 이것을 학술적으로 표현하면 다음과 같다. "물체에 외력이 작용하지 않는 한 정지하여 있던 물체는 계속 정지하여 있고, 운동하던 물체는 등속도 직선운동을 영원히 계속한다." 그러나 지구상에서는 힘이 전혀 작용하지 않는 경우를 찾아볼 수 없으므로 제1법칙이 적용되는 경우는 지구상에서는 없고, 우주공간에서나 가능하다.

　예 :　운동장에서 공을 찬 다음 내버려두어도 그 공에는 중력과 마찰력이 작용하기 때문에 언젠가 정지하게 된다. 지구상에서는 중력과 마찰력을 완전히 제거할 수 있는 방법이 전혀 없다.

가속도의 법칙(제2법칙)

　"물체에 힘을 가하면 속도가 변한다."는 법칙이다. "속도가 변한다."라는 말을 "가속도가 생긴다."로 바꿀 수 있으므로 제2법칙을 "물체에 힘을 가하면 가속도가 생긴다."로 바꿀 수 있다. 여기까지만 말한다면 법칙이라고 할 수 없고, 가속도가 얼마만큼 생긴다는 것을 말해야 진정한 운동법칙이 된다.

작용과 반작용의 법칙(제3법칙)

"두 물체가 충돌하면 똑같은 힘을 서로 주고받는다."는 법칙이다. 이때 충돌한 두 물체 중에서 하나가 사람이고 다른 하나가 물체이면 사람이 물체에 준 힘을 작용력, 물체가 사람에게 준 힘을 반작용력이라 한다. 그런데 사람과 사람 또는 물체와 물체가 충돌한 경우에는 생각하는 입장에 따라서 작용력과 반작용력이 달라진다. 결과적으로 제3법칙을 "두 물체가 충돌하면 작용력과 반작용력을 주고받으며, 작용력과 반작용력의 크기는 같고, 방향은 정반대이다."라고 표현할 수 있다.

예 : 자동차와 사람, 또는 자동차와 자동차가 충돌하는 것을 떠올리지만, 땅을 밟고 걷는 것, 라켓으로 공을 치는 것, 상대를 주먹으로 가격하는 것도 충돌이다.

힘의 원리

힘은 운동에너지로서 물체를 움직이고 속도와 운동상태를 변화시키는 물리량을 말한다. 힘이 물체에 작용하는 효과·크기 등의 능률을 힘의 모멘트라고 한다. 힘은 상호적인 성질을 가지며 질량과 방향, 작용점이 그 요소이다. 힘은 기술이 형성되는 메커니즘에 유기적으로 작용하는 요소이며 상응한 물리력이다.

토크의 원리

관성모멘트도 선운동의 관성처럼 질량과 관계가 있다. 회전축과 물체의 질량중심점과 거리가 클수록 회전관성도 커진다. 회전축에서 힘의 작용점까지의 거리, 힘의 성분, 회전축을 중심으로 회전시키는 능력이다. 상대의 팔을 비틀거나 몸을 회전시킬 때는 작용점에서 회전축과의 거리가 클수록 힘과 탄력이 가중되는 원리를 이용한다.

지레의 원리

인체는 여러 개의 분절이 서로 연결된 일종의 기계적 시스템인데, 관절은 분절과 분절을 연결하여 신체운동은 분절의 지레원리에 의하여 일어난다.

지레의 구조는 토크의 원리와 회전축, 회전축에서 힘이 작용하는 곳까지의 거리, 그리고 작용하는 힘으로 이루어진다. 지레는 작은 힘으로 더 큰 힘을 내는 원리이다. 지레의 고정된 점을 받침점, 외부의 힘이 가해지는 점을 힘점, 물체에 힘이 작용하는 점을 작용점이라 한다. 작용점과 받침점 사이의 거리를 짧게 하면 힘점에 가한 힘보다 더 큰 힘을 작용점에 가할 수 있다는 원리 등을 활용하여 기술에 적용한다.

제1종지레는 저항점과 힘점 사이에 받침점이 위치하는 형태이다.
예 : 큰 바위(저항점)를 굴리기 위하여 바위 앞에 받침목(받침점)을 놓고 파이프를 사이에 꽂아 파이프끝을 누르면 큰 바위도 쉽게 굴러간다.

제2종지레는 지레의 받침점과 힘점 사이에 저항점이 위치하는 형태이다.
예 : 여행용 캐리어의 바퀴는 받침점에 해당하고, 내용물을 담은 가방은 저항점이라 볼 수 있고, 손잡이는 힘점이라 할 수 있다.

제3종지레는 받침점과 저항점 사이에 힘점이 위치하는 형태이다.
예 : 공사장에서 삽질을 할 때 삽에 놓인 물체가 저항점이면 삽 끝자리인 손잡이가 받침점이 되며, 저항점과 받침점 사이의 잡은 손이 힘점이 된다.

Part

2

실용 호신술

기본 발차기

발은 손보다 강하여 상대를 효율적으로 제압할 수
있습니다. 또한 발차기 수련은 몸의 균형각감을 증대
시키며, 건강과 아름다운 몸매 유지에 필요한 운동
입니다.

section 1 앞차기

1. 왼발을 앞으로 내밀고 자연스럽게 선다.

2. 뒤에 있는 오른다리를 접어 들어올린다.

3. 접힌 오른다리를 펴서 상대의 음낭·배·턱을 찬다 (이때 발끝은 자신의 몸쪽으로 젖혀 발앞꿈치로 차 며, 시선은 발끝을 따라간다).

4. 찬 다리는 무릎을 접어 내린다.

돌려차기

1. 왼발을 앞으로 내밀고 자연스럽게 왼 자세로 선다.

2. 뒤에 있는 오른다리를 접어 들어올린다.

3. 2의 동작에서 안쪽으로 몸을 틀며, 접힌 다리를 펴서 상대의 다리, 배 , 얼굴을 찬다.

4. 찬 다리는 무릎을 접어 내린다.

옆차기

1. 왼발을 앞으로 내밀고 자연스럽게 왼 자세로 선다.

2. 뒤에 있던 오른다리를 접어 들어 올린다.

3. 접은 다리를 쭉 뻗어 다리, 가슴, 얼굴을 찬다.

4. 뻗은 다리는 접어 왼 자세로 돌아간다.

4 section 뒷차기

1. 왼발을 앞으로 내밀고 자연스럽게 왼 자세로 선다.

2. 고개를 돌려 상대를 주시한다.

3. 오른 다리를 접어서 가슴까지 들어 올린다.

4. 접힌 오른다리를 상대 배, 가슴, 얼굴을 향하여 쭉 뻗어 찬다.

5. 찬 다리는 다시 접어 앞으로 내딛는다.

6. 발차기 자세를 갖춘다.

section
안다리 차 넣기

1. 상대가 잡았을 때에는 양팔로 상대를 같이 잡는다.

2. 1의 동작에서 들어올린 다리의 발바닥안쪽으로 상대방의 정강이를 차서 넣거나, 상대방 무릎 아래부터 발목까지 발바닥으로 문질러 내린다.

section 6
뒷꿈치 차 들이기

1. 상대가 잡았을 때

2. 상대가 잡고 있을 때에는 양팔로 상대를 같이 잡는다.

3. 들어올린 발을 상대의 대퇴부쪽으로 강하게 끌어
당겨 뒤꿈치로 상대의 바깥쪽대퇴부를 찍는다.

무릎차기

1. 상대가 잡고 있을 때

2. 상대가 잡고 있을 때에는 양팔로 상대를 같이 잡는다.

3. 2의 동작에서 상대를 잡아 강하게 당기면서 무릎을
들어 상대의 음낭이나 배를 찬다.

section 8 앉아 뒤돌려 차기

1. 왼발을 앞으로 내밀고 자연스럽게 선다.

2. 뒤에 있는 발(오른발)방향으로 돌아 앉으면서 양손은 바닥을 짚고 상대를 본다.

3. 2의 동작에서 오른발로 상대의 무릎밑부분(종아리)을 뒤돌려찬다.

4. 3의 동작처럼 상대를 찬 다음 오른발을 감아 왼발 뒤쪽으로 놓고 앉는 왼서기자세를 취한다.

팔꿈치 치기

무릎과 팔꿈치는 발과 주먹보다 강력할 수 있고,
대상자와 근접한 거리에서 유용하게 상대를 제압
할 수 있는 강력한 무기가 될 수 있다.

3 section 명치치기

4 section 내려찍기

section

5 내려찍고 무릎차기

낙법

낙법은 자신의 안전을 위한 방법이다. 상대가 메치
거나 자신의 부주의로 인하여 떨어지거나 넘어질
때 안전하게 착지하는 방법으로 자신의 신체를 보
호하며 골밀도를 향상시키는 수련으로 처음에는
앉아서 낮은 자세부터 수련한다.

무릎대고 전방낙법(기초 1단계)

앞으로 떨어지거나 넘어질 때 안전하게 착지하는 방법

1. 전방낙법을 처음 익힐 때에는 사진처럼 무릎을 바닥에 대고 손은 이등변삼각형 모양을 만들어 가슴 앞에 세우고 준비자세를 한다.

2. 사진처럼 엉덩이는 들고 손은 이등변삼각형 모양으로 바닥을 짚고 얼굴은 옆으로 돌린다.

section 2 쪼그려앉아서 전방낙법(2단계)

1. 무릎대고 전방낙법보다 자세를 조금 높인 쪼그려
   앉는 자세를 한다.

2. 1의 동작에서 다리를 뒤로 뻗으면서 손은 이등변삼
   각형 모양으로 바닥을 짚고 얼굴은 옆으로 돌린다.

section 3

서서 전방낙법(3단계)

3단계까지 수련이 되면 양쪽 무릎이 가슴까지 닿도록
점프하여 낙법을 할 수 있도록 수련의 강도를 높여간다

1. 서서 준비자세를 취한다.

2. 앞으로 넘어진다.

3. 앞으로 넘어지면서 다리는 넓게 벌리고 엉덩이는
들어올린다.

section 4 앉아서 후방낙법(1단계)

1. 두 다리를 앞으로 펴고 손은 이등변삼각형 모양을
하여 가슴앞에 세운 준비자세를 한다.

시선

배꼽

몸통과 팔의 각도는 30~40°를 유지한다.

2. 뒤로 넘어가면서 양손을 힘차게 바닥을 친다(이
때 목을 당겨 시선은 배꼽을 보고, 팔은 몸통과
30~40도 되게 한다).

section
5 쪼그려앉아서 후방낙법(2단계)

점차적으로 높이를 높여가며 낙법을 수련한다

1. 쪼그려앉아서 전방낙법과 같은 준비자세를 취한다.

2. 엉덩이부터 바닥에 닿으면서 뒤로 넘어진다.

시선

배꼽

몸통과 팔의 각도는 30~40°를 유지한다.

3. 등이 바닥에 닿기 전에 양손으로 바닥을 친다(이때 목을 당겨 시선은 배꼽을 보고, 팔은 몸통과 30~40도 되게 한다).

section 6 서서 후방낙법(3단계)

3단계 이후 수련은 점프를 하여 높게 후방낙법을 할 수 있도록 수련한다

1. 서서 준비자세를 취한다.

2. 손을 몸앞으로 가지런히 내린다.

시선

배꼽

몸통과 팔의 각도는 30~40°를 유지한다.

3. 뒤로 넘어지면서 등이 바닥에 닿기 전에 양손으로 바닥을 친다(이때 목을 당겨 시선은 배꼽을 보고, 팔은 몸통과 30~40도 되게 한다).

section 7 쪼그려앉아서 측방낙법(1단계)

1단계 이전에 바닥에 누워서 좌·우 측방낙법자세(사진 3)를 연습한다

1. 쪼그려앉아 오른팔은 어깨높이로 들고 왼손은 벨트를 잡고 배꼽 위에 놓는다.

2. 오른팔과 오른다리가 왼쪽을 향하게 하고 몸은 오른 쪽으로 기울인다.

3. 몸을 오른쪽으로 기울여 오른쪽으로 넘어지면서 오른손으로 바닥을 친다(이때 오른다리는 살짝 접 어주고, 왼다리는 세워준다).

section
8 서서 측방낙법(2단계)

좌·우 양쪽을 함께 수련하며, 2단계 이후에는 점프를
하여 높이를 조절하여 수련한다

1. 서서 준비자세를 취한다.   *2.* 몸을 기울인다.

3. 오른쪽 측방낙법을 한다.

section

9 전방 회전낙법

전방 회전낙법이 수련되면 공중 회전낙법, 높이·멀리뛰어 사진 3과 같은 자세로 낙법을 펼칠 수 있다 이외에 앞굴 러치기와 뒤굴러치기가 있다

1. 왼발과 오른손을 짚고, 그사이에 왼손날이 앞을 향하게 하는 준비자세를 한다.

2. 왼팔이 꺾이지 않도록 하여 앞으로 구른다.

3. 앞으로 구르면서 오른쪽 측방낙법을 한다.

잡혔을 때 빠져나오기

section
1 손목 바깥쪽을 잡았을 때

1. 상대가 왼손으로 오른손목 바깥쪽을 잡으면

2. 오른발을 전진하면서 오른손은 손바닥이 아래를 향하도록 돌린다.

3. 2의 동작처럼 돌린 다음 힘차게 엄지손가락방향으로 밀면서 손목을 빼낸다.

section 2
손목 안쪽을 잡았을 때

1. 상대가 오른손으로 오른손목 안쪽을 잡으면

2. 오른손을 상대의 손등방향으로 들어올린다.

3. 들어올린 손날로 상대의 손목을 위에서 아래로 누르듯이 오른쪽으로 뺀다.

4. 손목부위 확대 사진(잡힌 손에 힘을 주어 편다)

두 손으로 한 손목을 잡았을 때

1. 상대가 두 손으로 한 손목 잡으면

2. 왼발을 전진하면서 왼손으로 잡힌 손을 맞잡는다.

3. 앞에 있는 왼발을 뒤로 빼면서 맞잡은 손을 위로 잡아 당기면서 빼낸다.

4. 잡힌 손을 맞잡아 위로 들어올려 당기는 동작

section 4 두 손으로 양손목을 잡았을 때

1. 상대가 두 손으로 양손목을 잡으면

2. 양손바닥을 모아 위를 향하게 한다.

3. 왼발을 뒤로 빼면서 양손을 바깥으로 돌려 상대의 손등끼리 부딪치게 한다.

4. 2의 동작을 확대한 사진으로, 상대의 손바닥이 떨어져 있는 동작으로 상대의 힘이 100% 가해지지 않음을 알 수 있다.

section 5 멱살을 잡았을 때 멱살뿌리치기

1. 상대가 양손으로 멱살을 잡았을 때에는 왼손을
   위에서 아래로 끼우고 오른손으로 맞잡는다.

2. 1의 동작에서 왼발이 뒤로 회전하며 맞잡은 팔을
   위로 힘껏 뿌리쳐 뺀다.

학교폭력 상황에서의 호신술

학교에서 발생하는 다양한 상황에서 정신적, 신체적으로 폭력행위가 발생할 수 있다. 이러한 학교폭력에 대비하여 청소년들은 법률적으로나 제도적으로 도움을 받을 수 있어야 하며, 자기 스스로 지킬 수 있는 호신술 기법을 익혀 두어야 한다.

책상에 앉아 있을 때

section

1 얼굴을 밀거나 가격 시

1. 앉아 있는 학생을 얼굴을 밀거나 가격하려 할 때

2. 상대를 향하여 몸을 돌리며, 상대팔을 안에서 바깥으로 쳐 막는다.

3. 2의 동작에서 쳐 막으며 일어나 상대 가슴을 두 손으로 밀쳐내며 "하지마"라고 강하게 의사표현을 한다.

② section 머리를 잡았을 때

1. 앉아 있는 학생의 머리를 잡고 흔들 때

2. 오른손으로 잡고, 왼손으로 덮어 잡는다.

3. 대상자의 손날이 위쪽으로 가도록 고개를 오른쪽으로 기울여 손목을 세워서 꺾는다.

양손목을 잡았을 때

1. 앉아 있는 학생의 양 손목을 잡고 못 움직이게 할 때

2. 잡힌 양손을 들어 손바닥이 위로가게 한다.

3. 왼손으로 상대 왼손을 잡고 오른손은 바깥으로 밀어
빼내어 상대 왼 손등을 바깥으로 밀어 비틀어 제압
한다.

뒤에서 머리를 잡았을 때

1. 앉아 있는 학생의 머리를 뒤에서 잡아 당길 때

2. 양손으로 상대의 손등을 잡는다.

3. 2의 상태로 몸을 뒤로 돌린다.

4. 3의 상태로 몸을 의자에서 일어난다.

5. 4의 상태로 일어나서 앞으로 상대를 민다.

뒤에서 어깨를 잡았을 때

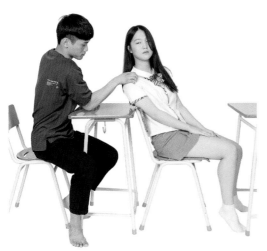

1. 앉아 있는 학생을 뒤에서 어깨를 잡아 당길 때

2. 당기는 쪽으로 몸을 돌린다.

3. 2의 상태에서 왼손으로 상대가 어깨를 잡은 손을 잡는다.

4. 3의 상태에서 어깨를 앞으로 튕겨 잡힌 손을 떼고, 오른손으로 상대손등을 감아 잡는다.

5. 4의 상태에서 상대 손등을 바깥으로 비틀어 제압한다.

책상에 앉아 있을 때,
발로 공격 시

아래 막고 일어서 밀어내기

1. 앉아있는 학생을 발로 툭 찰 때, 오른손으로 바깥으로 밀어내어서 막는다.

2. 1의 상태에서 일어나 상대가슴을 밀어내며 간단명료하며 단호하게 "하지마"라고 표현한다.

막고 무릎차고, 팔굽 내려 찍기

1. 상대가 앉아 있는 학생을 발바닥으로 밀려고 할 때

2. 오른손으로 상대 다리를 밀어내며, 동시에 왼손으로 바깥에서 안으로 감아 다리를 잡는다.

3. 2의 상태에서 일어나며 상대의 허벅지를 오른 무릎으로 차 올린다.

4. 무릎으로 차고 나서 상대 허벅지를 팔굽으로 내려 찍는다.

3 section 관절기

1. 상대가 앉아 있는 학생을 발바닥으로 밀거나 돌려 차려 할 때, 오른 손은 위에서 아래로 감아 잡고, 왼 팔은 아래에서 위로 감아 잡는다.

2. 1의 상태에서 일어난다.

3. 2의 상태에서 오른손은 상대 무릎 뒤 오금을 잡아 당기고, 왼팔은 상대의 정강이를 밀어 앞으로 넘어 뜨린다.

안다리걸어 메치기

1. 상대가 앉아 있는 학생을 발바닥으로 밀거나 돌려 차려 할 때

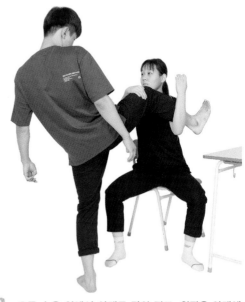

2. 오른 손은 위에서 아래로 감아 잡고, 왼팔은 아래에서 위로 감아 잡는다.

3. 2의 상태에서 일어나며 상대의 가슴이나 뒷덜미를 잡는다.

4. 3의 상태에서 오른손은 밀고, 왼팔은 상대 다리를 들어 올리고, 오른다리로 상대 왼다리를 걸어 당겨 메친다.

section

목 감았을 때

1. 상대가 앉아 있는 학생을 목을 감아 조를 때

2. 1의 상태에서 오른손은 상대의 손등을 잡고, 왼손은 상대의 팔굽을 잡는다.

3. 2의 상태에서 오른손은 상대 손목을 잡아 당기며, 왼손은 상대 팔굽을 밀어서 목을 풀어 나온다.

4. 3의 상태에서 일어나며, 오른손은 허리춤에 붙이고, 왼팔은 팔굽을 펴서 체중으로 상대 팔굽치를 아래로 눌러 팔굽관절을 꺽는다.

section

6 옆차기

1. 상대가 앉아 있는 학생을 발로 찰 때 오른팔로 안에서 바깥으로 쳐내어 막는다.

2. 1의 상태에서 일어나서 옆차기로 상대 가슴을 찬다.

section
7 돌려차기

1. 상대가 앉아 있는 학생을 발로 찰 때 오른팔로 안에서 바깥으로 쳐내어 막는다.

2. 1의 상태에서 일어나서 돌려차기로 상대 얼굴을 찬다.

8 section 두 명이 어깨 잡았을 때 1

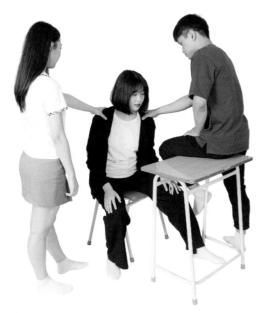

1. 앉아 있는 학생을 둘이서 어깨를 잡고 윽박지를 때

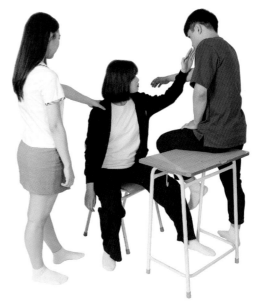

2. 왼팔로 앞에 있는 상대의 팔을 쳐낸다.

3. 2의 상태에서 일어나며 앞의 상대 가슴을 밀어 떨어지게 한다.

4. 3의 상태에서 오른 팔꿈치로 뒤에서 잡은 상대의 복부를 가격한다.

section 9 두 명이 어깨 잡았을 때 2

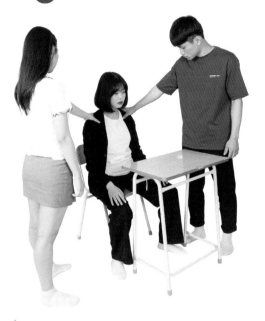

1. 앉아 있는 학생을 둘이서 어깨를 잡고 윽박지를 때

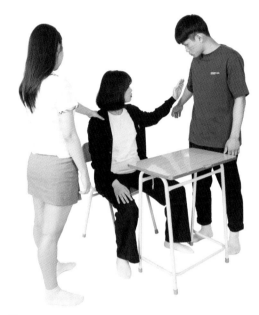

2. 왼팔로 앞에 있는 상대의 팔을 쳐낸다.

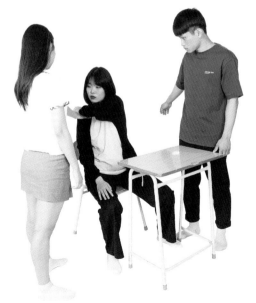

3. 2의 상태에서 몸을 오른쪽으로 돌리며, 왼손으로 상대 손등을 잡는다.

4. 3의 상태에서 일어나며, 오른팔 자뼈(팔꿈 아래 바깥 뼈)로 상대 위팔 두갈래근을 아랫방향으로 누른다.

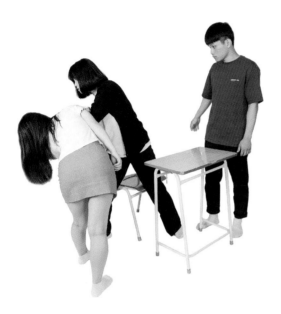

5. 4의 상태에서 상대 위팔 두갈래근을 아랫방향으로 누르며 앞으로 밀어 넘어뜨린다.

서 있을 때

section 1 지나가는 학생 다리를 걸 때

1. 지나가는 학생을 슬쩍 다리를 걸을 때

2. 걸린 반대발이 앞으로 나가며, 앞에 있는 발쪽 왼손을 앞으로 뻗고 고개는 숙인다.

3. 손등을 타고 고개는 숙이고 앞으로 왼 팔꿈치가 굽혀 지지 않도록 앞으로 굴러 낙법을 친다.

4. 앞으로 굴러서 일어선다.

section

2 어깨 잡았을 때

1. 상대가 어깨 바깥쪽을 잡았을 때

2. 왼손으로 상대의 손등을 잡고 오른손을 올려 상대의 손목 위에 걸친다.

3. 2의 동작에서 오른발 앞굽이로 전진하면서 오른팔로 상대의 손목을 눌러꺾는다.

3 section
같은 쪽 손목 잡았을 때

1. 상대가 손목 바깥쪽을 잡았을 때

2. 오른발은 전진하면서 왼손은 상대의 손등을 감싸 잡는다. 이때 잡힌 손목은 손바닥이 위로 가게 올린다.

3. 접힌 손목을 밖에서 안으로 밀어올린다(이때 오른손으로 밀어 올리면서 왼팔은 몸통에 견고하게 붙인다).

4. 3의 동작에서 상대의 손목을 왼손으로 눌러 꺾는다.

양손목 잡았을 때

1. 상대가 양손목을 잡았을 때

2. 오른발이 앞으로 나가며, 양손바닥이 위로 가도록 안으로 돌려준다.

3. 2의 상태에서 왼손으로 상대 왼손을 잡는다.

4. 3의 상태에서 오른손은 바깥으로 돌려 빼낸다.

5. 4의 상태에서 오른손으로 상대 왼손을 잡아 앞쪽 대각선으로 눌러 상대의 왼팔을 비틀어 꺾는다.

5 section 뒤에서 어깨 잡았을 때

1. 뒤에서 어깨 잡아 끌 때

2. 왼발이 뒤로 돌고, 오른손으로 상대의 잡은 손등을 덮어 잡는다.

3. 2의 상태에서 어깨를 안으로 튕겨 상대손을 떼어낸다.

4. 3의 상태에서 오른팔이 아래에서 위로 올려 상대 왼 손등을 잡는다.

5. 4의 상태에서 왼발이 앞으로 나가며, 상대 손등을 비틀어 눌러 제압한다.

section 6 뒤에서 머리 잡았을 때

1. 뒤에서 머리를 잡아 끌 때

2. 양손으로 상대 손등을 덮어 잡는다.

3. 2의 상태에서 오른쪽 뒤로 돈다.

4. 3의 상태에서 양손을 견고히 잡고 일어서며 앞으로 밀어 상대 손목을 꺾는다.

section 7 옆에서 목감아 조를 때

1. 옆에서 목감아 조를 때

2. 1의 상태에서 오른손으로 상대 손목을 잡는다.

3. 2의 상태에서 왼손으로 상대 왼 팔꿈치를 잡는다.

4. 3의 상태에서 오른손은 당기고, 왼손은 상대 팔꿈치를 밀어 머리를 빼내고, 오른손은 옆구리에 붙이고, 왼손은 상대 팔꿈치를 눌러 꺾는다.

5. 왼손은 상대 팔꿈치를 눌러 꺾는다.

상대가 목을 조르거나
안았을 때

section

왼쪽 옆에서 목을 조를 때 1

1. 왼쪽 옆에서 목을 조를 때

2. 오른손으로 상대의 오금을 앞으로 밀고, 왼손으로 상대의 뒷덜미를 잡는다.

3. 왼발을 등 뒤로 빼면서 상대의 뒷덜미를 힘껏 잡아 당겨 뒤로 넘어뜨린다.

2 section 왼쪽 옆에서 목을 조를 때 2

1. 왼쪽 옆에서 목을 조를 때

2. 오른손으로 상대의 앞무릎을 잡고, 왼손은 엉덩이 윗부분에 댄다.

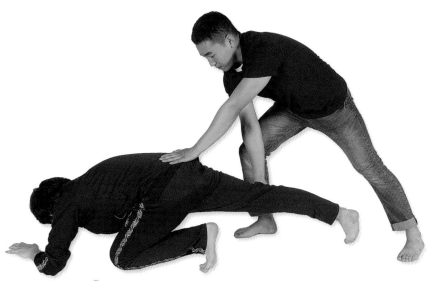

3. 오른손은 당기고 왼손으로 밀어 상대를 앞으로 넘어 뜨린다.

section
3 왼쪽 옆에서 목을 조를 때 3

1. 왼쪽 옆에서 목을 조를 때

2. 왼손은 상대의 뒷덜미를 잡고, 오른손은 상대의 오금을 잡는다.

3. 왼발을 상대의 가랑이 사이로 넣으며 힘껏 뒷덜미를 당겨 뒤로 넘어뜨린다.

앞에서 목을 조를 때 1

1. 앞에서 목을 조를 때

2. 오른발을 앞으로 내밀면서 왼손으로 상대의 왼손목을 잡고 오른손으로 상대의 팔꿈치를 받쳐 잡는다.

3. 오른손으로 상대의 팔꿈치를 치켜올린다.

4. 왼발을 뒤로 빼면서 오른팔뚝으로 상대의 팔꿈치를 눌러 꺾는다.

section 5
앞에서 목을 조를 때 2

1. 앞에서 목을 조를 때

2. 오른발을 내밀면서 왼손으로 상대의 허리를 받치고 오른손은 상대의 턱을 민다.

3. 상대의 턱을 힘껏 밀어 제압한다.

section 6 앞에서 목을 조를 때 3

1. 앞에서 목을 조를 때

2. 양손으로 상대의 허벅지를 잡는다.

3. 상대의 바깥다리를 걸어 메친다.

4. 상대를 메치면서 고개를 숙여 앞으로 구른다.

3. 오른팔을 들어 6번과 같이 상대의 복부를 팔꿈치로
가격한다.

section 7 뒤에서 목을 조를 때

1. 뒤에서 목을 조를 때

2. 왼발을 들고 왼팔꿈치로 3번과 같이 상대를 가격한다.

3. 팔꿈치로 상대의 복부를 가격한다.

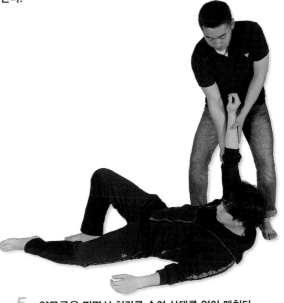

4. 상대의 오른팔을 양손으로 잡고 업는다.

5. 양무릎을 펴면서 허리를 숙여 상대를 업어 메친다.

뒤에서 팔 안으로 허리를 껴안았을 때 1

1. 뒤에서 팔 안으로 허리를 껴안았을 때

2. 왼손으로 상대의 손을 받치고 오른손밤주먹으로 상대의 손등을 힘껏 친다.

3. 좌우 팔꿈치로 상대의 턱을 가격한다.

9 section
뒤에서 팔 안으로 허리를 껴안았을 때 2

1. 뒤에서 팔 안으로 허리를 껴안았을 때

2. 왼발을 왼쪽으로 벌리면서 허리를 숙여 상대의 왼발목을 잡는다.

3. 잡은 왼발목을 들어올린다.

4. 들어올린 상대의 발목을 비튼다.

5. 3, 4번과 같이 상대의 발목을 비틀어 상대의 몸통을
   엎어놓고 체중을 실어 다리를 꺾는다.

10 section 뒤에서 팔 안으로 어깨를 껴안았을 때

1. 뒤에서 팔 안으로 어깨를 껴안았을 때

2. 양팔로 상대의 팔꿈치를 아래서 위로 안는다.

3. 허리를 숙여 상대를 업는다.

4.

5. 4번과 같이 오른쪽으로 틀면서 업어 메친다.

뒤에서 양팔 안으로 팔을 넣어 목덜미를 깎지끼고 껴안았을 때

1. 뒤에서 양팔 안으로 팔을 넣어 목덜미를 깎지끼고 껴안았을 때

2. 왼손으로 상대의 손가락을 밀어 손가락을 편다.

3. 오른손으로 상대의 손가락을 잡고 왼발을 앞으로 내밀면서 안쪽으로 돌아선다.

4. 상대의 손가락을 상대방의 손등 쪽으로 꺾어 제압 한다.

뒤에서 팔 위로 껴안았을 때 1

1. 뒤에서 팔 위로 껴안았을 때

2. 한발 앞으로 나오면서 양손을 앞으로 모은다.

3. 왼팔을 들어 올리며 오른손으로 상대의 왼손날을 잡는다.

4. 오른발은 등 뒤로 돌아선다.

5. 오른발로 상대의 왼오금을 걸고 상대의 왼손날을 틀어 뒤로 당겨 넘어뜨린다.

6. 양무릎으로 상대의 몸통과 목을 누르며 상대의 손날을 위로 당겨 제압한다.

section 13 뒤에서 팔 위로 껴안았을 때 2

1. 뒤에서 팔 위로 껴안았을 때

2. 양무릎을 낮추면서 양팔꿈치를 수직으로 올린다.

3. 상대의 팔을 양손으로 감싸잡는다.

4.

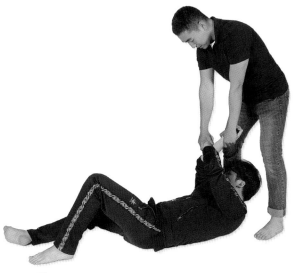

5. 4번과 같이 양무릎을 펴면서 허리를 숙여 업어 메친다.

section 14 앞에서 팔 안으로 껴안았을 때 1

1. 앞에서 팔 안으로 껴안았을 때

2. 왼발을 내밀면서 왼손으로 상대의 허리를 받쳐 잡는다.

3. 오른손으로 상대의 턱을 민다.

4. 상대의 턱을 힘껏 밀고 상대의 허리를 꺾는다.

앞에서 팔 안으로 껴안았을 때 2

1. 앞에서 팔 안으로 껴안았을 때

2. 왼손으로 상대의 뒤통수를 잡고, 오른손은 상대의 오른뺨에 댄다.

3. 왼발은 180도 등 뒤로 회전하면서 상대의 목을 틀어 넘어뜨린다.

4. 왼손은 상대의 뒤통수를 당기고 오른손은 뺨을 밀어 목을 비틀어 제압한다.

section 16 앞에서 서서 목을 조를 때 1

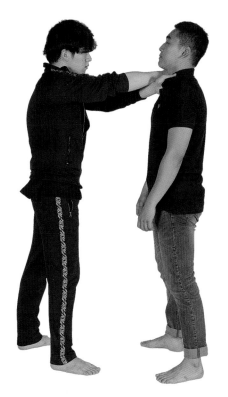

1. 앞에서 서서 목을 조를 때

2. 양상대의 옆구리를 강하게 가격한다.

앞에서 서서 목을 조를 때 2

1. 앞에서 서서 목을 조를 때

2. 왼손으로 상대의 오른쪽 옷깃을 잡아당기며 오른손 엄지로 상대의 목젖밑(비중)을 힘껏 누른다.

3. 왼발은 180도 등 뒤로 회전하면서 상대를 넘어뜨린다.

4. 왼손으로 상대의 오른쪽 옷깃을 잡아당기며 오른손 엄지로 상대의 목젖밑(비중)을 힘껏 눌러 제압한다.

18 section 앞에서 서서 목을 조를 때 3

1. 앞에서 서서 목을 조를 때

2. 왼손으로 상대의 왼손등을 잡고, 오른발은 내밀면서 상대의 오른팔꿈치를 밀어올린다.

3. 왼발은 등 뒤로 회전하면서 상대의 팔꿈치 위를 오른 팔뚝으로 힘껏 눌러 앞으로 쓰러뜨린다.

4. 양무릎 사이에 상대의 팔을 끼고 손목을 꺾어 제압 한다.

상대를 제압하는 기술

section 1 팔 교차꺾기

1. 상대의 양손을 잡는다.

2. 오른발, 왼발을 번갈아 내밀면서 상대의 왼쪽겨드랑이 밑으로 들어가 회전하면서 상대의 팔을 교차하여 제압한다.

팔꿈치받쳐 손목꺾기

1. 오른발을 상대의 왼쪽으로 내밀면서 오른손으로 상대의 손목을 뒤쪽에서 잡는다.

2. 왼손은 상대의 팔오금을 잡고 왼발을 180도 회전한다.

3. 상대의 팔꿈치를 본인의 팔오금에 받치고 상대의 손목을 눌러 꺾는다.

section

3 팔감아 팔꿉관절꺾기

1. 상대의 오른손을 잡는다.

2. 왼손으로 상대의 팔을 위에서 아래로 감아잡고,
오른손으로는 상대의 손목을 눌러 꺾는다.

section 4 등 뒤에서 손목꺾기

1. 왼발, 오른발을 교대로 내밀면서 상대의 손목과 팔꿈치를 잡고 상대의 겨드랑이 밑으로 돌아 등 뒤로 선다.

2. 상대의 손목을 등 뒤에 대고 손목을 꺾는다.

3. 상대의 오금을 밟아 무릎을 꿇린다.

등 뒤로 4자꺾기

1. 오른발을 내밀면서 오른손으로 상대의 왼팔을 뒤로 밀어 올린다.

2. 왼발을 등뒤로 돌리면서 오른손으로 상대의 왼팔을 감고 왼손으로는 상대의 뒷덜미를 잡아당긴다.

3. 상대를 앞으로 밀어 넘어뜨려 제압한다.

section 6 팔을 가랑이 사이에 넣어 제압하기

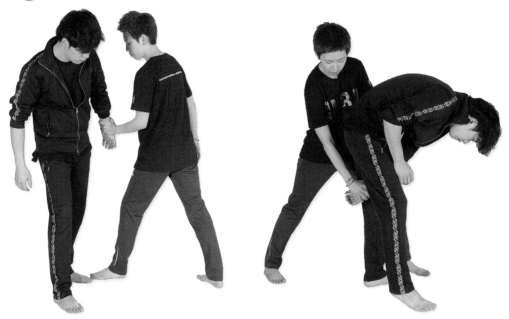

1. 왼발을 내밀면서 왼손으로 상대의 왼손목을 잡는다.   2. 상대의 팔을 가랑이 사이에 넣어 뒤에서 잡는다.

3. 상대의 뒷덜미를 누르고, 가랑이 사이의 손은 들어 올려
   상대가 일어서지 못하게 제압한다.

section 7
팔꿉관절꺾기

1. 왼발을 내밀면서 왼손으로 상대의 왼손을 잡는다.

2. 상대의 손을 들어올리며 오른손을 상대의 왼팔 밑으로 넣어 상대의 오른어깨를 잡는다.

3. 오른팔은 상대의 팔을 받치고 왼손은 상대의 손목을 눌러 꺾는다.

section 8 목감아 제압하기

1. 오른발을 내밀면서 상대의 왼팔을 잡는다.

2. 왼발을 등 뒤로 180도 돌리고 왼팔로 상대 목을 감는다.

3. 상대의 목을 잡아 제압한다.

9 section 양팔을 등 뒤에서 잡아 제압하기

1. 오른발을 내밀면서 오른팔로 상대의 왼팔을 잡는다.

2. 왼발을 내밀면서 왼손을 상대의 겨드랑이 밑에 넣는다.

3. 왼팔로 상대의 양팔을 감는다.

4. 오른손으로 상대의 뒷머리를 잡아 당긴다.

section 10 손날 비틀어 등 뒤로 당겨 꺾기

1. 오른발을 내밀면서 오른손으로 상대의 왼손등을
   잡는다.

2. 왼손으로 상대의 팔오금을 잡는다.

3. 왼발이 상대의 겨드랑이 밑으로 들어간다.

4. 오른발을 등 뒤로 돌아 들어간다.

5. 오른발로 상대의 오금을 걸며 오른손으로 상대의 왼손목을 비틀어 뒤로 잡아 당겨 넘어뜨린다.

6. 양무릎으로 상대의 몸통을 누르고, 손날을 비틀어 위로 당겨 제압한다.

section 11 목덜미 누르고 어깨관절꺾기

1. 오른발을 내밀면서 상대의 왼팔을 잡는다.

2. 상대의 왼팔을 뒤에서 앞으로 낀다.

3. 상대의 목덜미를 왼손으로 감아 누른다.

4. 오른손으로 상대의 오른팔을 위로 들어올려 어깨관절을 꺾는다.

5. 윗몸을 일으켜 세우지 못하게 하여 제압한다.

부록

가정에서! 사무실에서!
쉽고 간편한 스트레칭과
대근육 운동 및 심폐소생술

스트레칭

스트레칭은 신체의 근육이나, 건, 인대 등을 늘여주고 관절을 이완시켜 가동성을 향상시키는 운동이다. 각 동작 별로 15~20초 정도 긴장을 유지하며 실시한다.

1. 양손을 깍지 낀 채 팔을 머리 위로 올려 손바닥이 하늘을 향하도록 쭉 편다.

2. 앞의 자세에서 어깨를 앞으로 숙이며 양 팔을 최대한 내민다.

3. 왼팔은 쭉 펴고 오른손으로 왼팔을 휘감고 몸 쪽으로 당겨 스트레칭한다.

4. 오른팔은 쭉 펴고 왼손으로 오른팔을 휘감고 몸 쪽으로 당겨 스트레칭한다.

5. 오른손으로 왼쪽 팔꿈치를 잡고 오른쪽으로 당긴다. 어깨와 가슴, 등이 스트레치된다.

6. 왼손으로 오른쪽 팔꿈치를 잡고 왼쪽으로 당긴다. 어깨와 가슴, 등이 스트레치된다.

7. 왼손으로 머리를 잡고 왼쪽으로 당겨준다.

8. 오른손으로 머리를 잡고 오른쪽으로 당겨준다.

9. 양손을 합장하고 양 엄지
   손가락으로 턱을 위쪽으
   로 밀어올린다.

10. 양손을 깍지 끼고 뒤통
    수에 댄 채 아래쪽으로
    당겨준다.

11. 양손을 등 뒤에서 맞잡
    고 최대한 들어올린다.

12. 11의 자세에서 양 다리는
    곧게 편 채, 상체를 굽히며
    깍지낀 손을 최대한 위쪽으
    로 들어올린다.

13. 오른손을 쭉 펴서 귀 옆에 대고 왼쪽으로 상체를 최대한 굽힌다.

14. 왼손을 쭉 펴서 귀 옆에 대고 오른쪽으로 상체를 최대한 굽힌다.

15. 왼 다리를 조금 내밀고 무릎을 눌러 스트레치한다.

16. 오른 다리를 조금 내밀고 무릎을 눌러 스트레치한다.

17. 앞뒤로 양 다리를 벌리
고 뒤쪽 다리를 최대한
펴서 스트레치한다.

18. 17과 반대쪽으로 서서
양 다리를 벌리고 뒤쪽
다리를 최대한 펴서 스
트레치한다.

19. 왼 다리를 뒤쪽으로 접은
후 양손으로 최대한 들어
올리며 스트레치한다.

20. 오른 다리를 뒤쪽으로 접
은 후 양손으로 최대한 들
어올리며 스트레치한다.

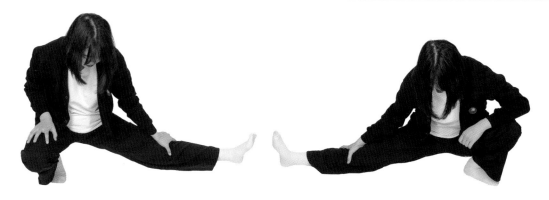

21. 오른쪽 무릎은 굽히고 왼 다리는 편 채 최대한 눌러 스트레치한다.

22. 왼 무릎은 굽히고 오른 다리는 편 채 최대한 눌러 스트레치한다.

23. 의자를 이용한 카프레이즈. 양손으로 의자 등받이를 잡고 양 발꿈치를 최대한 들어올렸다가 내리는 동작을 반복한다. 종아리의 근육을 단련시킨다.

24. 의자를 이용한 스쿼트. 양손으로 의자 등받이를 잡고 무릎을 굽혀 앉았다가 일어서는 동작을 반복한다. 하체를 골고루 단련시키는 운동이다.

25. 의자를 이용한 니업. 의자에 앉아 양손으로 의자를 꽉 잡고 양 다리를 쭉 펴서 앞으로 뻗은 후 무릎을 상체를 향해 최대한 들어올린다. 복근 단련에 효과적이다.

26. 의자를 이용한 팔굽혀 펴기. 양손으로 의자를 잡고 엎드린 후 양팔을 굽혀 팔굽혀 펴기를 실시한다. 어깨와 가슴근육을 골고루 단련시켜준다.

27. 체어 딥. 몸 뒤쪽에서 양손으로 의자를 잡은 후 팔꿈치를 구부리며 자세를 낮춘다. 상완삼두근(위팔세갈래근)을 단련시키는 데 효과적이다.

응급처치와 심폐소생술

응급처치(first aid)는 전혀 생각지도 못한 장소나 때에 발생한 외상에 대해서 응급적으로 간단하게 조치하는 방법을 말한다. 응급처치 후에는 의사의 상의가 필요하다.

심폐소생술이란 심장과 폐의 활동이 멈추어 호흡이 정지되었을 경우에 실시하는 응급처치이다.

section 1. 응급상황시 행동요령

현장조사

- [V] 현장은 안전한가
- [V] 무슨일이 일어났는가
- [V] 얼마나 많은 사람이 다쳤는가
- [V] 환자 주위에 긴박한 위험이 존재하는가
- [V] 우리를 도울 수 있는 다른 사람이 있는가
- [V] 환자의 문제점 파악

119 신고

- [V] 119에 신고를 할 때 전화상담원에게 알려야 할 사항들
- [V] 나는 누구이다
- [V] 무슨일이 일어났다
- [V] 얼마나 많은 사람이 다쳤는지
- [V] 환자의 부상 상태는 어떠한지
- [V] 응급상황이 발생한 장소

환자의 상태확인

- ☑ 의식 확인 및 도움
- ☑ 신속한 심정지 확인과 도움요청
- ☑ 환자의 자세
- ☑ 가슴압박
- ☑ 인공호흡
- ☑ 가슴압박과 인공호흡의 반복
- ☑ 자동제세동기(심장충격기)의 사용

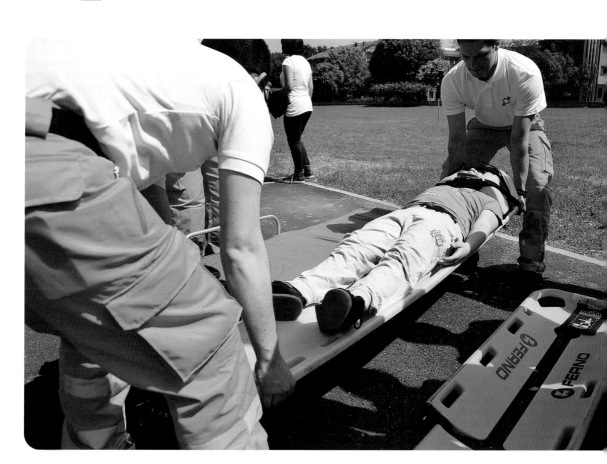

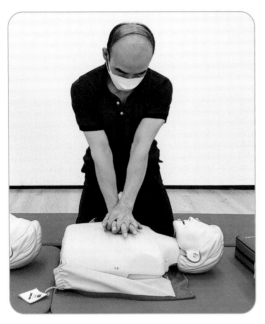

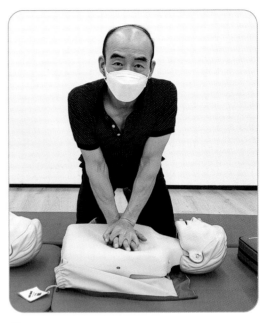

1. 환자의 오른쪽에 위치한 후 왼손 위에 오른손을 포개어 얹은 다음 환자의 유두와 유두 사이에 위치 시킨다.

2. 팔꿈치가 굽혀지지 않도록 하고 손꿈치만으로 누르되, 5cm의 깊이로 분당 100~120회의 속도로 진행한다.

3. 자동심장충격기를 사용할 때에는 주위 사람들을 환자 곁에서 떨어지도록 한 후, 오른쪽 쇄골 아래와 왼쪽 유두쪽 겨드랑이 부위에 패드를 부착한 후 분석 버튼을 누른다. 제세동이 필요한 경우 충전이 완료된 후 깜빡이는 충격 버튼을 누른다.

section 2. 상처 응급처치

외부상처의 지혈

» **직접압박** : 깨끗한 거즈로 상처 위에 대고 직접 누르고 붕대로 단단히 감아준다.
» **혈관압박** : 동맥이 손상되어 출혈이 심하여 출혈부위 압박으로 지혈이 되지 않는 경우 출혈부위에 혈액을 공급하는 혈관을 직접 압박함으로써 지혈하는 방법이다.

절단손상

신체 일부분이 절단되어 떨어졌다면 그 부분을 찾아서 무균거즈나 깨끗한 천으로 감싸서 비닐봉지에 담는다. 비닐봉지를 얼음 등으로 보존하여 환자와 함께 병원으로 이송한다. 이때 절단부위가 물이나 얼음에 직접 닿지 않도록 한다.

코의 상처(코피)

코피가 나면 고개를 뒤로 저치는 경우가 있는데 이는 코피가 기도를 막을 수 있는 위험한 행동이다.

코피가 나면 코를 막고 고개를 앞으로 숙이고 앉아 있도록 한다.

🚑 입의 상처(치아 빠짐)

치아가 빠져나가는 손상을 입었으면 드레싱을 치아공간에 넣고 꽉 물어 지혈과 함께 치아를 치아이식을 할 수 있도록 치아를 우유나 생리식염수에 넣어 병원으로 빨리 이송하여 재이식을 받는다.

🚑 골절(팔, 다리)

팔, 다리가 골절된 환자는 부목이나 삼각건으로 몸체에 고정하여 흔들리지 않게 하여 병원으로 이송한다. 특히 목, 허리 척추 중추신경에 손상이 있는 환자는 119구조원의 도움을 받아 이송하는 게 좋다.

벌에 쏘였을 때

핀셋이나 신용카드 등으로 밀어서 벌침이 빠지도록 한다. 쏘인 부위는 찬물 찜질을 하여 통증을 완화시킨다. 벌에 쏘이는 경우는 가을에 벌초를 하거나 밤을 주우러 산에 갔다가 생기는 경우가 많으니 산행 시 향수, 화장품, 요란한 색의 옷은 피하는 게 좋다.

뱀에 물렸을 때

뱀독에는 신경계를 마비시켜 호흡곤란으로 사망하게 하는 신경독과 혈액과 혈액조직에 영양을 미치는 혈액독이 있다. 우리나라 뱀은 급하게 생명에 영향을 미치는 경우는 없으니 응급처치를 잘하여 병원으로 이송하면 된다.

응급처치

» 환자를 안정시키고 최대한 움직이지 않게 한다.

» 상처부위를 절개하지 않는다.

» 상처부위를 비눗물로 깨끗이 씻는다.

» 물린 부위를 심장보다 낮게 한다.

» 부어오르면 혈액순환을 방해할 수 있는 반지나 시계 등의 물건을 제거한다.

» 물린 부위의 위쪽(심장 쪽)에서 가까운 신체부위를 폭 5cm 이상의 넓은 천으로 압박하거나 약하게 묶어준다. 너무 세게 묶으면 피가 통하지 않아 2차 손상이 있으니 주의하여야 한다.

🚑 화상

집안에서 어린아이가 라면을 끓이다가 냄비를 쏟아서 화상을 입었다면 빨리 화장실에 가서 차가운 물로 계속 뿌려서 열기를 낮추어 주어야 한다.

옷은 피부에 붙어 있으면 벗기지 말고 가위로 잘라주고, 119에 신고하여 병원으로 이송한다. 이때 119가 올 때까지 계속 열기를 식혀주어야 한다.

"안전한 사회가 행복한 사회입니다."

저 자 소 개

정창근

용인대학교 교육대학원 교육학석사(체육전공)
AIU국제대학교 대학원 체육학박사
현 대한민국나라사랑교육연구회장
    경기교육학회부회장
    한국해양구조협회 경기충남북부지역 자문위원

정균근

용인대학교 교육대학원 교육학석사(체육전공)
선문대학교 일반대학원 체육학박사(운동생리학전공)
현 서울경찰청 무도연구지도관
    호원대학교 스포츠경호학부 겸임교수
    용인대학교 초빙교수(체육학전공)

김한중

연세대학교 법무대학원 법학석사
동국대학교 일반대학원 법학과 법학박사
현 서울강서경찰서 생활안전과 근무
    한국법정책학회 정회원
    한국경찰법학회 정회원

김기환

용인대학교 교육대학원 교육학석사
현 서울실용음악고등학교 체육교사
    서울지방경찰청 무도지도위원
    중고교 태권도시범학교 국기원 지도사범
    ITF국가대표 대한민국 맞서기 코치
자격증 : 유도·태권도·보디빌딩(2급 생활체육지도자),
    중등 정교사 1급, 체육실기교사
무력 : 태권도 7단, 유도 5단, 검도 1단

이인녕

가천대학교 스포츠문화대학원 체육학석사(운동처방학과)
선문대학교 일반대학원 체육학박사(운동생리학)
국민건강보험공단 건강증진센터 센터장
현 서울외국어대학원대학교 글로벌미래교육원 교수
    대한국무도연맹 수석부회장

임성진

용인대학교 교육대학원 교육학석사
한세대학교 경찰학박사과정 총원우회 부회장
한국자치경찰학회, 한국경찰복지연구학회 이사
자격증 : 학교폭력예방상담사, 대한적십자사 응급처치강사
무력 : 종합격투기 6단, 용무도 6단, 경찰무도 6단,
    태권도 6단, 합기도 6단, 특공무술 6단, 화랑도 6단

158

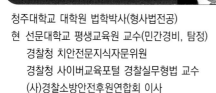

이론 및 실기 자문

이명찬

수원대학교 체육대학원 석사
명지대학교 체육대학원 박사
호원대학교 스포츠경호학과장
호원대학교 스포츠단장
전라북도체육회 이사

손수범

용인대학교 격기지도학과 졸업
용인대학교 대학원 체육학박사
한국체육사학회이사 역임
한국체육교육학회이사 역임
현 용인대학교 학점은행제 체육학전공 주임교수

김창우

연세대학교 대학원 석사
연세대학교 대학원 박사
현 용인대학교 동양무예학과 교수

김영주

연세대학교 법무대학원 법학석사
중원대학교 일반대학원 행정학박사
서울지방경찰청·서울강남경찰서 무도사범
서울지방경찰청 수사과 형사
경찰인재개발원 경찰무도체육센터 교수요원

강민철

용인대학교 교육대학원 교육학석사(체육전공)
명지대학교 일반대학원 체육학박사(운동생리학전공)
전 서울경찰청무도지도위원
현 용인대학교 동양무예학과 교수
　　WMC(2021 온라인 세계무예마스터십)자문위원

박창희

건국대학교 대학원석사(법학전공)
경기 광명경찰서 무도사범
중앙경찰학교 합기도 교수요원
경찰대학교 합기도 교수요원
신변호사 심사위원